一口气读完中国史

中国史

从远古到秦汉

凌嵩 绘著

民主与建设出版社

·北京·

图书在版编目（CIP）数据

一口气读完中国史．从远古到秦汉 / 凌嵩绘著．

北京：民主与建设出版社，2025.2. -- ISBN 978-7
-5139-4854-8

Ⅰ．K220.9

中国国家版本馆 CIP 数据核字第 2025LB7295 号

一口气读完中国史：从远古到秦汉

YI KOU QI DUWAN ZHONGGUOSHI：CONG YUANGU DAO QIN-HAN

绘　　著	凌　嵩
责任编辑	金　弦
封面设计	Yoorich Studio
出版发行	民主与建设出版社有限责任公司
电　　话	（010）59417749　59419778
社　　址	北京市朝阳区宏泰东街远洋万和南区伍号公馆 4 层
邮　　编	100102
印　　刷	大厂回族自治县彩虹印刷有限公司
版　　次	2025 年 2 月第 1 版
印　　次	2025 年 6 月第 1 次印刷
开　　本	710 毫米 ×1000 毫米　　1/16
印　　张	14
字　　数	210 千字
书　　号	ISBN 978-7-5139-4854-8
定　　价	58.00 元

注：如有印、装质量问题，请与出版社联系。

前言

亲爱的读者们，欢迎翻开《一口气读完中国史》系列套书的第一本《从远古到秦汉》。

写历史这事儿，既要认真又不能枯燥，就像吃火锅，得麻辣鲜香俱全，才能让味蕾跳舞。同样，读历史也得有滋有味，才能让人欲罢不能。因此这本书将用幽默的语言配合让人捧腹的漫画，带您领略从远古到秦汉的波澜壮阔，本书同时深入挖掘其中的文化底蕴与人文精神，为读者提供一个较为全面了解古代中国社会风貌与思想的窗口。

回溯远古，我们的祖先们在恶劣的自然环境中艰难求生，他们狩猎采集、钻木取火，展现了惊人的生存智慧与勇气。同时为了抵御猛兽侵袭，还会经常上演惊心动魄的荒野求生挑战，生存繁衍之艰辛，实非今日所能想象。

到了夏商周，人文历史初具雏形。夏朝的启打破了传统的禅让制，开启了世袭君主制的大门。商朝的妇好是"巾帼战神"，她征战沙场，屡立战功。周朝的幽王烽火戏诸侯，成了千古笑柄。

春秋时期，诸侯争霸，英雄辈出。乱世之中，老子骑着青牛，留下了《道德经》，悄然离去，让后人在其思想中探寻哲学的奥秘。孔子周游列国，传播儒家思想，影响力跨越千年。

战国时期，局势动荡，韩、赵、魏、秦、齐、楚、燕并称战国七雄。商鞅变法让秦国迅速崛起；苏秦、张仪合纵连横，变幻莫测。赵括纸上谈兵导致赵国惨败。最终秦嬴政横扫六合，统一天下，建立秦朝，成为千古一帝。

这时来到了秦汉时期。秦始皇统一文字、度量衡、货币，修长城，建陵墓，北击匈奴，南征百越，其功绩不可磨灭。到了汉朝，那更不得了，汉武帝开疆拓土，卫青、霍去病北征匈奴，封狼居胥。张骞出使西域，开辟了丝绸之路。

苏武牧羊，坚守气节。司马迁忍辱负重，著成《史记》，为后人留下了宝贵资料。各位读者，准备好了吗？这本书将带你穿越时空，与这些历史人物一同经历喜怒哀乐、生死离别，感受他们的智慧、勇气、谋略和情怀。我保证您读完一页就停不下来了！接下来让我们一起笑谈古今、畅游历史长河吧！

为了精准且全面地勾勒出从远古到先秦历史时期的辉煌成就与历史变迁轨迹，本书严格参考权威史学典籍，秉持着求真务实的态度，以确保对历史的呈现既真实又严谨。

主要参考文献如下：

1. 司马迁.《史记》[M]. 北京. 中华书局，1999.

2. 班固.《汉书》[M]. 北京. 中华书局，1999.

3. 范晔.《后汉书》[M]. 北京. 中华书局，1999.

目录

第三篇　春秋时期

第一篇

史前时期

（约公元前2070年前）

01 史前人类的小目标：住好！吃饱！
（约公元前4464年前）

史前时期，人们的生活目标是什么？很简单，就是吃饱、住好！那时候，人们生活在洞穴里，一不留神就会成为毒蛇猛兽的美餐。

《庄子·盗跖》："……古者禽兽多而人少，于是民皆巢居以避之。昼拾橡栗，暮栖木上，故命之曰有巢氏之民。"

传说，当时出现了一个聪明人，他每天爬到树上研究怎么像鸟一样筑巢。经过不懈的努力，他用木头在树上建成了房子。这个房子不仅能躲避风雨，还能躲避毒蛇猛兽的攻击。其他人一看觉得这房子不错，便纷纷向他学习在树上建房子的方法。

这个聪明人也不藏私，把在树上建房子的技术都教给了周围的人。他所处的石楼山（今山西省吕梁市兴县石楼山）一带的建筑事业远近闻名，吸引了其他地方的人来学习建房子。

于是，这个聪明人成了当时的建筑设计大师，赢得了越来越多的人的崇拜和追随。不久之后，他顺理成章地被拥戴为王，被尊称为"有巢氏"。在有巢氏的带领下，华夏族群开启了真正的巢居时代。

（宋）罗泌《路史》："于是有圣人焉，教之编槿，而庐缉藿（diào），而扉塓（mì）涂墍（yì），以违其高卑之患；而违风雨以其革有巢之化。故，亦号有巢氏。驾六龙，从日月，是曰古皇。"

《太平御览》注引《王子年拾遗记》："有燧明国……国有火树，名燧木……折枝相钻，则火出矣……目此树表，有鸟若鸮（xiāo），以口啄树，粲然火出。圣人感焉，因取小枝以钻火，号燧人氏。"

吃的问题也不容小觑。那时人们吃生肉、喝生水，导致大家经常因感染各种寄生虫而生病，年纪轻轻就离世是常有的事。

这时候，点燃华夏族群生命之火的聪明人闪亮登场了，他就是燧人氏！传说中，燧人氏因为发现被火烤过的肉比生肉更好吃，便开始研究怎么生火。吃货的潜力是无穷的。凭借着智慧和创造力，他发明了钻木取火。

大家看见燧人氏天天有烤肉吃，馋得流口水，于是都跑来学钻木取火。众所周知，火的作用可太大了，不仅能加热食物以消灭寄生虫，还能取暖、照明，以及保护自己免受野兽的侵扰。

自从掌握了火的使用方法，人们的生活水平如坐火箭一般，实现了质的飞跃。

有付出必有回报。人们感激燧人氏带来的便利，于是拥戴燧人氏为王，让他统领华夏族群。而后世也尊称燧人氏为"燧皇"，奉其为"火祖"。

《韩非子·五蠹（dù）》："有圣人作，钻燧取火以化腥臊，而民说之，使王天下，号之曰燧人氏。"

燧人氏的聪明不仅限于此，他还研究出了用柔软的麻草树皮等搓成绳子，并且教会大家"结绳记事"，即发生一件大事就在绳子上打一个大的结，发生小事就在绳子上打一个小的结，这样就不容易忘。

燧人氏还规定中午是集市时间，让人们在集市里互相交易货物。

《三坟》："燧人氏，有巢子也，生而神灵，教人炮食，钻木取火，天下生灵尊事之。始有日中之市，交易其物，有传教之台，有结绳之政，寿一太易，本通姓氏之后也。"

02 史前伟人的小任性：不论饥饱都要搞发明！

（约公元前4000年—约公元前3000年）

旧石器时代的人每天裹着树叶树皮到处瞎晃悠，一到冬天就冻得瑟瑟发抖。这时候，一个善于搞小发明的人走上了舞台，他就是伏羲。

伏羲天生就很聪明，先是无师自通学会了缝纫，用兽皮制作衣服抵御寒冷，随后又受到蜘蛛结网的启发，学会了结网捕鱼，并把这项技术教给大家。后来，伏羲把磨尖的石头绑在木头上做成了矛，教大家狩猎，让大家天天都能吃上鱼和肉。大家对伏羲无比崇拜。

（唐）司马贞《史记索隐·三皇本纪》："结网罟（gǔ）以教佃渔。故曰宓牺氏。养牺牲以庖厨。故曰庖牺。"

伏羲很谦虚，并不因此而骄傲，而是继续观察天地万物。他创造出了一个伟大的符号——八卦！你没看错，就是三国演义里诸葛亮八卦阵用的那个八卦！

在八卦的基础上，伏羲又创造了最初的图形文字，结束了结绳记事的历史，从此华夏大地上，一种古老又有生命力的文化诞生了。

时间辗转到了新石器时代，传说当时华夏大地上又出现了一个喜欢搞小发明的人，他就是神农氏。

神农氏生于公元前3500年左右，生于姜水之岸（今陕西省宝鸡市境内清姜河）。他的样子看起来普普通通，但是有个特殊癖好：喜欢跑到山上品尝各种植物！有毒的没毒的都尝一下，经常吓得大家以为他要死了。

（唐）司马贞《史记索引·三皇本纪》："始教耕。故号神农氏。于是作蜡祭，以赭（zhě）鞭鞭草木。始尝百草，始有医药。"

我吃了你手上这种草后就一直不停地跳舞，快回去叫人帮我找解药！

族人

神农氏

但是，拥有主角光环的神农氏怎么可能轻易就死呢？他尝遍百草，总能化险为夷，还在日积月累中分辨出了各种能吃的植物和能治病的植物，成了新石器时代的"植物学家"。接着，神农氏把这些植物进行广泛种植，获得了大丰收。

《淮南子·修务训》："尝百草之滋味，水泉之甘苦，令民知所辟就。当此之时，一日而遇七十毒。"

大家看见神农氏种出这么多粮食，都跑来跟他借粮食吃。神农氏说："借粮没有，借技术还是有的哦！"于是教大家种植各种作物。

借粮食没有，借技术还是有的哦！大家别着急，只要学会了种植，以后就不愁没粮食吃。

俺们实在没吃的了，能不能借点粮食救救急啊！

太好了，以后都不愁没粮食吃了！

族人

神农氏

族人

在教大家种粮的时候，神农氏发明了几种翻土的农具，大大提高了生产效率。同时，还自创医术给大家治病，又成了医学专家！

此外，传说神农氏还发明了九井灌溉技术，制定了历法，并教会大家制作陶器。

最后，大家觉得神农氏这么厉害，就让他做了部落的首领，传说他就是炎帝。

（唐）司马贞《史记索引·三皇本纪》："有娲氏之女，为少典妃，感神龙而生炎帝。人身牛首，长于姜水，因以为姓。火德王，故曰炎帝。以火名官。斫（zhuó）木为耜（sì），揉木为耒（lěi），耒耨（nòu）之用，以教万人。"

03 黄帝：开挂的人生不需要解释
（约公元前2717年—公元前2600年）

开挂的人生是怎么样的？具有超能力？不管做什么都会成功？这种事不只是发生在电视剧里，传说中，和炎帝同时代的黄帝也被赋予了这样的人生轨迹。

黄帝的开挂人生是这样的：他出生在中原地区的有熊国（今河南省新郑市），出生没多久就能说话，十五岁的时候就上知天文、下知地理了。到了公元前2697年，二十岁的黄帝就成了有熊国的首领！

《史记·五帝本纪》："黄帝者，少典之子，姓公孙，名曰轩辕。生而神灵，弱而能言，幼而徇齐，长而敦敏，成而聪明。"

坐上王位就完了吗？那是不可能的！黄帝的开挂人生才刚刚开始。

在他的面前，有一个偌大的天下尚未征服呢！

那时候的华夏大地上有众多的部落，不同的部落之间经常干架，谁也不服谁。处在西边的炎帝部落野心勃勃地想做江湖老大，但是怎么努力都没办法收服众诸侯，毕竟众诸侯都不是吃干饭的。炎帝看着偌大的天下摆在眼前却得不到，天天急得吃不下饭。

《史记·五帝本纪》："轩辕之时，神农氏世衰。诸侯相侵伐，暴虐百姓，而神农氏弗能征。"

而黄帝这边可不得了，为了强大自己，他先是努力发展经济。经济搞上去了，大家天天有饱饭吃，打起仗来格外有劲，加上黄帝训练部队纪律严明，懂得排兵布阵，所以带领大家征讨其他部落的时候，几乎每次都打胜仗，甚至有些部落的士兵听说黄帝的部队天天有饱饭吃，就直接前来投靠。

这时候，东方有一个强大的九黎部落联盟，盟主是蚩尤。蚩尤被称为"兵主"，有些自负，看谁都像手下败将，根本不把炎帝和黄帝放在眼里。处在西方的老牌大哥炎帝听说后当然不服，于是带领军队跑到黄河下游地区找蚩尤干架，没想到打输了，只能灰溜溜地逃跑。

炎帝逃跑后觉得面子上过不去，但是又害怕蚩尤，怎么办呢？思来想去，干脆跑去找黄帝帮忙，于是黄帝又乐呵呵地收了一个小弟。

时机成熟后，黄帝带着炎帝等一帮小弟浩浩荡荡去打蚩尤，在涿鹿的郊野摆开阵势大干了一场。

据传说，在这场上古大战里，蚩尤又是施展巫术又是请来各种野兽助阵，黄帝则请来各路神仙帮忙，双方打得是难分难解。

大战的结果当然是从小就开挂的黄帝赢了。从此，黄帝成了真正的霸主，统一了华夏。

《史记·五帝本纪》："蚩尤作乱，不用帝命。于是黄帝乃征师诸侯，与蚩尤战于涿鹿之野，遂禽杀蚩尤。"

04 凭德才继任首领才是真的香！
（约公元前2176年—公元前2067年）

帝挚（zhì）是黄帝的孙子的孙子，而且是帝喾（kù）的长子，所以在帝喾去世后，他就理所当然继任首领了。

但是帝挚在位九年都没做出什么像样的成绩，不但管不了其他部落造反，还压不住大臣们对他的不满。于是帝挚挥一挥衣袖，将首领丢给了弟弟尧。

这些柜子里是我九年没处理的公务，隔壁还有三屋子，都交给你了，我睡懒觉去了哟，拜拜！

帝挚

尧

虽然尧继任首领的过程有点儿出人意料，但他是个非常负责任的人。他每天起早贪黑，当别人还在睡梦中时，他早已开始埋头处理政务了；别人已经躺下打呼噜了，他还在点着火把熬夜保护大家的羊不被狼叼走。

不久以后，尧就做出了一些成绩：建立了国家政治制度、派人治理了水患、平定了反叛部落，还制定出了准确区分四季的历法！种种成绩让人不由得感叹：尧和帝挚是同一个爹生的吗？

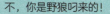

爹爹，我和尧都是您亲生的没错吧！

不，你是野狼叼来的！

尧

帝挚

帝喾

但是尧最让人津津乐道的一件事是开创了禅让制。

尧的品德绝对是一流的，所以他也想找一个品德一流且有能力的人来继承自己的首领之位。因为他的儿子没什么出息，整天就知道玩，和他的哥哥帝挚没啥差别，要是把首领之位传给儿子，估计没几天就会被赶下台，于是在多方考察后，尧将目标锁定在了一个年轻人的身上——舜。

《史记·五帝本纪》："尧曰：'悉举贵戚及疏远隐匿者。'众皆言于尧曰：'有矜在民间，曰虞舜。'尧曰：'然，朕闻之。其何如？'岳曰：'盲者子。父顽，母嚚（yín），弟傲，能和以孝，烝烝治，不至奸。'"

大叔，你都盯了我六个月了，我很穷的，没什么可惦记的！

舜

我看你天资超凡，是个万中无一的人才，咱们坐下来聊聊人生呀！

老年尧

后来的事实证明，舜就是那个万中无一的天选之子！

首先，舜对他人十分谦恭有礼，特别爱帮助人；其次，舜的能力不错。尧将舜列为首领候选人后，便和大臣明着暗着多角度考察他。最后大家一致给出好评：舜处理政务的能力非常棒！

尧便欢欢喜喜地将首领之位禅让给了舜，还将两个女儿嫁给了他。就这样，德才兼备的舜成了中国历史上首位因禅让制继位的首领。

舜执政28年，尧才去世。尧去世后，舜也开始考虑龙椅继承者的事了。他想来想去，找到了尧的儿子丹朱，对丹朱说："我把首领之位让给你吧。"丹朱说："好呀好呀！"于是丹朱继任首领之位。

虽然舜把首领之位让给了丹朱，但是天下的诸侯和百姓有事还是去找舜解决，搞得丹朱整天没事干，最后舜没办法，只能重新回去做首领。

这就叫众望所归，把首领之位让给别人，别人都坐不稳！

05 大禹治水，青出于蓝而胜于蓝！

（约公元前2100年—公元前2070年）

舜治国的表现自然是杠杠的，他在位期间做得最正确的一个决定就是派大禹去治理水患。

其实舜做这个决定的时候，大臣们颇有非议。因为舜曾派大禹的父亲鲧（gǔn）治理水患九年都没成功，大家对鲧的儿子大禹实在是也没多大信心。

但是舜认为鲧虽然未彻底平息水患，但他多年的经验和贡献以及坚韧的精神是值得肯定的，他觉得大禹是可以超越他父亲的，何况大禹平时谦虚有礼，做事认真，脑瓜灵活，一看就是难得的治水"千里马"！

《史记·夏本纪》："于是尧听四岳，用鲧治水。九年而水不息，功用不成。"

大禹是个倔脾气，他深知自己不仅要战胜的是洪水，更是要挽回老爹失去的家族荣誉！

所以他扛起老爹留下的那柄破石铲，和新婚的妻子挥泪告别，带上两个得力助手伯益和后稷，就这么屁颠屁颠地跑去治水了。

《史记·夏本纪》："禹乃遂与益、后稷奉帝命，命诸侯百姓兴人徒以傅土，行山表木，定高山大川。"

大禹总结父亲治水失败的经验，提出了"只能疏不能堵"的六字箴言！

这是什么意思呢？简单地说就是"挖"！就是这里挖挖，那里挖挖，挖出一条条大沟，把洪水引流到大江大海里去。

这一招实在高明，那生性放荡不羁爱自由的大洪水，真的就乖乖地收起了性子，沿着大禹挖出来的一条条大沟流到了大海母亲的怀抱里，回家了！

《史记·夏本纪》："陆行乘车，水行乘舟，泥行乘橇，山行乘檋（jú）。左准绳，右规矩，载四时，以开九州，通九道，陂（bēi）九泽，度九山。"

看着放荡不羁的洪水回家了，倔强的大禹流下了激动的泪水，因为这意味着他终于可以回家了，毕竟他出门打工十三年，曾经三次路过家门口都没有回去，他儿子都快不认识他了。

《史记·五帝本纪》："舜子商均亦不肖，舜乃豫荐禹于天……诸侯归之，然后禹践天子位。"

舜看见大禹治水成功，也十分高兴，心想自己真是慧眼识英雄没看错人，那么把帝位禅让给他也一定不会错的！

于是大禹在治水成功后，命运也给了他巨大的回报：他登上了帝位，成了禹帝。

《史记·夏本纪》："天下诸侯皆去商均而朝禹。禹于是遂即天子位，南面朝天下，国号曰夏后，姓姒氏。"

大禹不仅是一个水利专家，也是一个治国专家。

首先，大禹将华夏大地划分为九州，根据不同地方的情况制定了更加利国利民的纳税政策，同时依靠治水工程大力发展农业，使得国家收入上涨。

大禹还将分散的各个部落联合在一起成为一个国家，国号为"夏"，大禹就是夏朝的第一位天子！后人也称其为夏禹。

第二篇
夏商西周

（约公元前2070年—公元前771年）

01 原来姜是"嫩"的辣！
（约公元前2070年—公元前1978年）

大禹建立了夏朝后，依然实行禅让制，王位只能传给德才兼备的人。但是大禹的儿子启还是坐上了龙椅，他怎么办到的呢？

大禹治水的时候带了两个得力助手，其中一个叫伯益，大禹将帝位禅让给了他。对于这件事，启不知道流了多少个晚上的伤心泪，因为他梦想继任王位已经很多年了。

流完泪后，启把心一横，决定把失去的王位夺回来！

《史记·夏本纪》："十年，帝禹东巡狩，至于会稽而崩。以天下授益。"

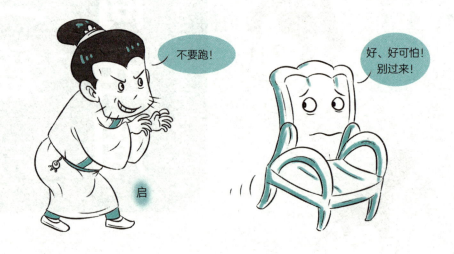

不要跑！

好、好可怕！别过来！

启

传说伯益是一位实力与威望并重的人物，想从他手里夺走帝位，风险很大。首先，伯益曾跟随大禹去治水，功劳、威望很大，实力很强；其次，伯益的品德也是杠杠的。

《尚书·大禹谟》："益赞于禹曰：'惟德动天，无远弗届；满招损，谦受益，时乃天道。'"

当时南方的三苗部落总是闹事，大禹就想用武力把他们灭掉，但伯益说打架是不对的，要跟他们实行仁德。果然，三苗部落受到仁德感化后，一把鼻涕一把泪地举着双手乖乖归顺了。

所以从某个角度来看，启可能并不比伯益突出。

伯益

伯益老婆

那么启要怎样才能战胜伯益呢？好在启的脑瓜也挺灵活，他制定了"软硬兼施，等待时机"的方针。

软实力方面就是想办法和臣民们搞好关系，做出点儿成绩来，让老百姓认可自己，提升自己的威望。此外，由于他是大禹的儿子，大家喜欢大禹，自然爱屋及乌喜欢他儿子，这就给启加了不少分。

《史记·夏本纪》："禹子启贤，天下属意焉。及禹崩，虽授益，益之佐禹日浅，天下未洽。故诸侯皆去益而朝启，曰'吾君帝禹之子也'。"

启

硬实力方面就是时刻准备和伯益干架！不过这要等待时机。

时机很快就来了，就是大禹去世的时候。启一边恸哭着为他爹安排下葬事宜，一边悄悄部署，趁着伯益还没反应过来，直接把他打倒了！

伯益这时候才回过神来，大呼："我的娘呀，原来'姜也有嫩的辣'的时候呀！"

就这样，启笑嘻嘻地登上了等待了多年的王位，成了夏朝真正的天子。

但是话说回来，得到了王位不代表就能坐稳。因此，启经常查看周围谁对自己不满意。他两眼一瞄，发现最有实力的有扈（hù）氏最不安分，于是率先发兵，经过数场恶战，最终打倒了有扈氏。

其他部族看见有扈氏被打倒了，内心造反的小火苗也瞬间熄灭，都急忙跪下来叫启一声"大哥"！

就这样，启用极快的方式巩固了王位，夏王朝真正开启了世袭制，一个"家天下"的时代开启了！

02 出来混总是要还的哦!

（约公元前1979年—公元前1955年）

前面说到启夺得王位后开启了"家天下"的王位世袭制，简单地说就是老子的王位只能传给儿子孙子，其他人门儿都没有!

那么问题来了，这样的制度产生的帝位继承人是好还是不好呢？很不幸，君主世袭制产生的第一位王位继承人有点儿不太好，因为他差点把启辛苦夺来的夏朝搞没了。

这个不太好的继承人就是启的大儿子太康。

《楚辞·离骚》："启《九辩》与《九歌》兮，夏康娱以自纵。不顾难以图后兮，五子用失乎家巷。"

约公元前1979年，启去世后，太康开始和四个弟弟争夺王位。后来太康赢了，继承了王位。

太康从小就特别喜欢玩，继承王位后，便觉得天下都是他的，想怎么玩就怎么玩，谁也管不着！于是他整天吃喝玩乐。有胆大的大臣悄悄提醒太康别玩物丧志，却被太康一巴掌扇回去了。

自此之后，大家对太康的昏庸都不敢出声了，太康玩得更加开心了！

可是好景不长，他玩出了火，而且是大火。

《竹书纪年》："元年癸未，帝即位，居斟寻。畋于洛表。羿入居斟寻。"

事情是这样的：一天早上，太康醒来后心情美滋滋的，便突发奇想，要玩一次大的！

他带上一大批家眷和亲信，以及几十车美食美酒，美滋滋地跑出去打猎，一去就是几个月，彻底忘了自己是一国之君。

《史记·夏本纪》："帝太康失国，昆弟五人，须于洛汭（ruì），作《五子之歌》。"

这时候东夷部落的首领后羿看准时机，带领军队快速占领了太康的宫殿。可这时候太康还不知道呢！等到他回到王城外，才发现自己的家没了，四个弟弟和老妈都成了后羿的俘虏。

后羿控制了天下后，先让太康的弟弟仲康坐上王位，后来又让仲康的儿子姒相坐上王位，最后后羿看姒相不顺眼，干脆把他赶下台，自己坐上了王位。

后羿死后，他的义子寒浞（zhuó）把姒相和他全家老小给杀了，这回姒相连哭都没法哭了。幸好姒相怀有身孕的媳妇比较机灵，逃跑了。

后来姒相的媳妇生了个儿子叫少康。少康长大后英雄盖世，积极计划复国！

《史记·夏本纪》："太康崩，弟中康立，是为帝中康。……中康崩，子帝相立。帝相崩，子帝少康立。"

少康为了报仇，从小又是学功夫又是学兵法，特别努力，而且喜欢到处拉拢别人当小弟。等到小弟拉拢得差不多了，少康就去找寒浞干架。

寒浞慌了，急忙调兵跟少康打，可他根本不是少康的对手，几个回合就被打败了，然后被少康剁成了肉酱。

就这样，夏王朝又重新回到了启子孙的手里，启在九泉之下终于可以松口气了。

03 一心一意作死的人真的会死哦！
（约公元前1652年—约公元前1600年）

少康复国后不到三百年，他的子孙桀又出了问题。

桀是谁？其实就是夏朝的最后一个君主。

桀是少见的文武双全的君主。可是他偏偏不务正业，整天就知道吃喝玩乐，直到一个叫商汤的人打到家门口了，他还在搂着歌姬唱小曲。

汤是夏朝一个叫商的部落的首领。自从当上首领后，汤一直在积蓄力量，打算灭了桀。

其实汤和桀没啥深仇大恨，只不过是因为桀太不靠谱了。桀天天潇洒快活就算了，还宠信奸臣，排斥忠臣，把国家往死里整，搞得老百姓们叫苦连天。

可桀竟然轻飘飘冒出一句："我就像天上的太阳，永远死不了！"

此话一出，老百姓对他恨之入骨，汤更是握紧了小拳头。

为了灭掉桀，汤先问了自己一句：做大事，什么最珍贵？

想了半天，最后一拍大腿：人才！于是商汤找了两个人才来帮自己，一个是伊尹（奴隶），一个是仲虺（huǐ）（奴隶主）。汤并不计较他们的出身，反而拍拍他们的肩膀说："只要你们帮我干掉桀，你们就是未来的丞相！"

天下有本事的人听说后，都急忙带着全家老小来投靠汤，汤瞬间多了很多小弟。

这可把汤乐坏了，毕竟人多力量大呀，打起仗来不吃亏。

《史记·殷本纪》："汤出，见野张网四面，祝曰：'自天下四方皆入吾网。'汤……乃去其三面……诸侯闻之，曰：'汤德至矣，及禽兽。'"

虽然桀有一箩筐的黑历史，可还是有很多人追随他，特别是葛国、韦国、顾国、昆吾国的首领。汤便决定先把这帮人干掉。

《史记·殷本纪》："当是时，夏桀为虐政淫荒，而诸侯昆吾氏为乱。汤乃兴师率诸侯，伊尹从汤，汤自把钺（yuè）以伐昆吾，遂伐桀。"

接着汤和伊尹天天熬夜，制订周密的作战计划，然后一鼓作气，率先灭掉了葛国、韦国和顾国。剩下的昆吾国首领脑子一热，竟主动跑去攻打汤。

结果商汤大刀一挥，把昆吾国也轻松灭了。

桀成了孤家寡人后，依旧天天醉酒笙歌，压根不当回事。

直到汤打到了家门口，桀才匆匆忙忙组织军队迎战。可是天天不做功课的人怎么可能打得过天天做功课的人呢？

很快，汤打败了桀，并将他流放。至此夏王朝正式灭亡，汤继承了王位，建立了商朝，一个新的时代开始了！

《史记·夏本纪》："汤修德，诸侯皆归汤，汤遂率兵以伐夏桀。桀走鸣条，遂放而死……汤乃践天子位，代夏朝天下。"

04 这个孙子还算有点儿料
（约公元前1600年—约公元前1300年）

商朝建立后，汤开启好帝王模式，努力带领全民奔小康，老百姓都很爱戴他。

然而汤的孙子太甲登上帝位后，美好的局面立刻被打破了。太甲是个昏君，而且是暴君。

还记得上一篇里提过的，辅佐汤打败桀的奴隶伊尹吗？

此时的他成了商朝功臣，他一看太甲这么不懂事，立刻把太甲抓起来关进了小黑屋。

《史记·殷本纪》："帝太甲既立三年，不明，暴虐，不遵汤法，乱德，于是伊尹放之于桐宫。"

真有不肖子孙啊！伊尹上！

老臣遵命！

不许动手！动手了不许打脸！打脸只许打半边……

老臣伊尹

太甲

太甲在小黑屋里一关就是三年，每天除了哭鼻子就是深刻写检讨。后来伊尹看他检讨写及格了，就把他放了出来，让他继续坐王位。

《史记·殷本纪》："自中丁以来，废适而更立诸弟子，弟子或争相代立，比九世乱，于是诸侯莫朝。"

这回太甲学乖了，一心一意带领百姓奔小康。就这样，老百姓过了一段安心的日子。

不过好景不长，伊尹和太甲相继去世后，王族内部就闹腾起来了：为了争王位，兄弟相争、叔侄打架，搞得整个商王朝经济水平直线下滑，老百姓苦不堪言。

《史记·殷本纪》：……治亳（bó），行汤之政，然后百姓由宁，殷道复兴。

可能是老天爷看不下去了，就派了一个人来治一治，这个人就是盘庚。

盘庚是商王朝的第二十任君主，这个人很崇拜自己的老祖宗汤，认为汤说的话就是真理，汤做的事就是王道。于是他极力模仿汤，努力发展农业、畜牧业、手工业，让老百姓有一口饱饭吃。他还狠抓腐败分子，抄他们的家，拿他们的钱粮发给老百姓。

然而干完这些，盘庚慢悠悠地说出了两个字：迁都！

虽然商王朝多次迁都，但是没点儿号召力还真迁不动，毕竟贵族们不是吃干饭的，懂得反抗！

不过还是盘庚比较狠，他把贵族大臣们找来训话，一次训不动，就日日训，直到贵族们的耳朵都起茧了，实在听不下去了，最后只能乖乖同意迁都。

这时盘庚伸出剪刀手，"嘿嘿"一笑，说："耶！成功了！"然后就带着大家浩浩荡荡搬家了。

《史记·殷本纪》："盘庚乃告谕诸侯大臣曰：'昔高后成汤与尔之先祖俱定天下，法则可修。舍而弗勉，何以成德！'乃遂涉河南……"

爱卿们我想……

盘庚

大王你不用想！说啥都成！只求别再碎碎念！

最终盘庚迁都到了"殷"这个地方，也就是今天的河南省安阳市。

从此之后的两百多年里，商王朝没有再迁都。因为殷这个地方水草丰美、山川秀丽、气候宜人、肥田沃野，到处是珍禽异兽，在这样的人间天堂里，若还想再次迁都，那一定是脑子坏了。

在这新的都城里，盘庚勤勤恳恳工作，赢得了无数粉丝和无数个赞，最终完成了商王朝的中兴局面。

（唐）李泰《括地志》："宋州谷熟县西南三十五里南亳故城，即南亳，汤都也。宋州北五十里大蒙城为景亳，汤所盟地，因景山为名。河南偃师为西亳，帝喾及汤所都，盘庚亦徙都之。"

05 妇好：比花木兰还花木兰的女子

（公元前1250年—公元前1192年）

　　盘庚去世后，他的弟弟小辛、小乙先后继承了王位，接着是他的侄子武丁继承帝位，至此商王朝走过了三百多年的时间。在这段时间里，各色人等呼啦啦登场又呼啦啦退去，那么有没有厉害的女性在这期间登上过历史舞台呢？

　　答案是有！而且这位隆重登场的女性实在是太牛了，牛得让人几千年都忘不了，她就是武丁的妻子妇好。

要说妇好，得先说说她的丈夫武丁。武丁是商王小乙的儿子。

小乙一直觉得武丁这娃毛毛躁躁的，于是让他去种地。武丁只能遵从，不过要强的武丁没有放弃自己，每天都努力上进，活成了别人家的孩子。

直到有一天小乙召他回来，发现武丁已经变得又帅气又聪明。于是小乙一拍大腿，对武丁说："王位的接班人就是你了！"

《史记·殷本纪》："帝盘庚崩，弟小辛立，是为帝小辛。……帝小辛崩，弟小乙立，是为帝小乙。帝小乙崩，子帝武丁立。"

我让你去民间不是流放，是为了磨练你。

小乙　武丁

武丁坐上龙椅后，娶了不少妃子，妇好算一个，但他一直没发现妇好是个打仗的奇才。

直到有一天，北方一个小国入侵商朝，前方的将领打不过，跑回来求援。这时候妇好站出来请求领兵出战。

武丁以为妇好说笑话呢，没想到妇好这一去，直接把敌人打得哭爹喊娘。至此妇好一战成名。

这倒是把武丁吓了一大跳，差点误以为自己娶的是个男子！

《殷墟文字乙编》："贞，王令妇好从侯告伐夷。"

后来武丁让妇好执掌国家兵权。每次一有战事，妇好都兴冲冲地第一个冲上前线，大大小小数百战，彻底奠定了自己的大将军地位。

妇好最让人称道的一战是征讨北方的羌方部落。这一次，武丁把一半的国家军队（大概一万三千多人）都交给了妇好。然后，妇好率军出征，直接灭了羌方，解决了商朝最大的外患，再次立下大功。

郭沫若、胡厚宣等《甲骨文合集》："辛巳卜，登妇好三千，登旅万，呼伐羌。"

面对妇好的伟大功绩，武丁大方地表示："从此我的就是你的，你的还是你的！"

于是妇好除了带兵打仗，还参与政事，接着又做国家的大祭司，还有了自己的封地和军队。至此，妇好达到了她人生的巅峰。

然而，妇好三十多岁便去世了。武丁为她建造了独葬的巨大墓穴，礼遇非凡。

公元1976年，考古学家在河南安阳的小屯西北发现了妇好的完整墓葬。

郭沫若《殷契粹编》："壬戌卜，□贞妇好□不往于妣庚？"

06 打猎"打"到一匹千里马
（公元前1075年—公元前1056年）

《史记·周本纪》："古公卒，季历立，是为公季。公季修古公遗道，笃于行义，诸侯顺之。"

商王武丁和王后妇好去世大概一百年后，商朝迎来了最后一任王——纣。这时候的商王朝正在走下坡路，那么其他方国是不是也这样呢？当时商朝统领的方国大大小小有上千个左右，因为人口和资源不同，有些方国富一些，有些方国则走到了衰落的边缘。

要说比较强盛的方国，当数在西边的周国（今陕西省岐山县），也称岐周。这时候周国的老大是季历，也就是后来周文王的老爹。

当时季历和儿子姬昌发愤图强，把国家搞得欣欣向荣，还收了很多诸侯当小弟。然而商纣王觉得方国怎么可以比商朝强大呢！于是把季历召唤到殷，先假惺惺封他为"方伯"，让他做西方诸侯的老大，然后就把他杀了！

季历死后，纣王封他的儿子姬昌做西伯侯。姬昌心怀杀父之仇，努力隐忍，积攒实力，搜罗人才，等待复仇的时机。

《史记·殷本纪》："西伯归，乃阴修德行善，诸侯多叛纣而往归西伯。"

这时候有个老头叫姜尚，在各个诸侯国之间来回跑，希望遇到一位赏识自己的伯乐。

姜尚的祖先曾经辅佐大禹治水，后来被封在了一个叫吕地的地方做诸侯。可惜到了姜尚的时候家境败落了。不过姜尚人穷志不短，一有空就努力学习军事谋略、治国安邦之术、天文地理，总之能干大事的都研究一遍。

但是他活了七十岁还没遇见自己的伯乐，别提多郁闷了。

然而历史是奇妙的，它让姬昌和姜尚相遇了！话说这天姬昌出门打猎，出门前算了一卦，卦象上说今天会狩猎到一位能臣。于是姬昌就乐呵呵地出发了。

此时，姜尚正在渭水边钓鱼。姬昌打猎累了就到水边洗把脸，然后看见了姜尚。姬昌觉得这老头挺特别，就跟他聊了起来。这一聊不要紧，居然聊出了一个大大的天下！

姬昌直呼："我遇到了一匹超级'千里马'！"

姜尚直呼："我遇见了一位超级伯乐！"

喝完酒后，两人已经深度熟悉，姬昌说在我的地盘你想干啥就干啥，以后你就是我的太师！所以姜尚也叫姜太公。

姜太公也没让姬昌失望，提出了一系列治国理政、富国强兵的先进思想。简单地说，就是对内多给老百姓好处，让他们吃好喝好，家家都能奔小康；对外则要搞好外交，尤其是那些对商纣王不满意的诸侯国，更要把他们拉入自己的革命队伍，建立战友情谊。

在姜太公的尽心辅佐下，姬昌好好搞国家业务，使得周国比以前更强盛了。姬昌也凭借出色的功绩和极高的威望，正式称王，史称周文王。

《史记·齐太公世家》："周西伯昌之脱羑（yǒu）里归，与吕尚阴谋修德以倾商政，其事多兵权与奇计，故后世之言兵及周之阴权皆宗太公为本谋。"

07 果然"姜"还是老的辣啊！
（公元前1056年—公元前1043年）

姬昌在姜太公的辅佐下把国家搞得很富庶，那么复仇的时机是不是到了呢？

很不幸，姬昌没有等到复仇的时机就去世了。

不过不幸中的万幸是，姬昌有个儿子，叫姬发。姬发即位后，成为周武王，他继承父亲的遗志，同时继续重用姜太公、周公旦等人，让王朝的国力更加强盛。

《史记·周本纪》："武王即位，太公望为师，周公旦为辅，召公、毕公之徒左右王，师修文王绪业。"

周武王是个急性子，守孝三年后，急忙组织军队，要去找商纣王复仇。姜太公却说，发兵可以，不过不能真打，先看看其他诸侯国的反应。

周武王认为这主意很有水准，于是领着军队浩浩荡荡地假装要去攻打纣王。等军队快接近商朝国都的时候，有很多其他诸侯国前来响应。姜太公非常满意，武王心领神会，便对大家说："都回去吧，下次再打！"各路诸侯一脸茫然，但也只能乖乖回去。

姜太公为啥不打呢？因为他在等一个可以让商纣王彻底领盒饭的时机。

其实商纣王是一个很有能力的君王，他能空手干翻猛兽，也懂得关心老百姓。可惜他年纪大了，有点儿分不清是非，不仅宠爱美女妲己，让一帮小人在他身边，

还把大臣比干杀了，囚禁了自己的叔叔箕子。这让大家的心拔凉拔凉的，毕竟这两个人都是最有能力的忠臣呀！

从此，商纣王的威信就像秋天的落叶，彻底凉凉了。

姜太公听说后，认为时机已经成熟。周武王便带着军队浩浩荡荡去征讨商纣王。

此时，商纣王的军队正在外地打仗，商纣王看见周武王像疯了一样打过来，吓得急忙把身边的奴隶、工匠、囚犯都组织起来对抗。

可这些人一直看商纣王不顺眼，根本不想为了他卖命，索性直接投降了！

商纣王欲哭无泪，一把火烧了自家宫殿，把自己也烧了。

《史记·殷本纪》："周武王于是遂率诸侯伐纣。纣亦发兵距之牧野。甲子日，纣兵败。纣走入，登鹿台，衣其宝玉衣，赴火而死。周武王遂斩纣头，县之白旗。"

周武王拥有了天下，建立了周朝，定都镐京（今陕西省西安市长安区西北），然后开始册封天下。

周武王把天下重新划分成很多块地，每个有大功劳的人都可以分到一块地，在这块地上你可以自己收税自己花，想让谁做官就让谁做官，还能有自己的军队。比如姜太公就被册封了齐国，也就是今天的山东，成了齐王。

请问你拥有封地后想干吗呢？

记者

当然是我的地盘我做主，天天和大家跳广场舞！

姜太公

08 替小屁孩打理天下还挺累

（公元前1043年—公元前1036年）

周武王建立周朝后，仅仅两年后就下地府陪纣王打麻将去了。周朝的运气实在有点儿不好，国家刚刚建立，武王就走了，继承帝位的周成王姬诵是个不懂事的小屁孩，哪哪都是问题，周朝会不会被敌人推翻呢？

其实也不用太担心，因为周武王还有八个弟弟呢！他们个个战斗值爆表。这时候他们中的老四站了出来，说："就让我来代替小诵处理政务吧！"

老四就是周文王姬昌的第四个儿子，名字叫姬旦，也称周公旦，简称周公。

我们常把睡觉说成和周公约会，说的就是这个周公啦！

周武王灭商时，周公的能力和表现仅次于姜太公，是周武王的得力助手，为周朝的建立立下了大功。周公最大的爱好就是搜罗人才。如果你在他吃饭的时候去拜访他，他一定会马上把饭吐出来跑去见你。"周公吐哺"这个成语就是这么来的，形容他礼贤下士，求才心切。

《史记·鲁周公世家》："周公戒伯禽曰：'我文王之子，武王之弟……然我一沐三捉发，一饭三吐哺，起以待士，犹恐失天下之贤人。子之鲁，慎无以国骄人。'"

现在周公想要代替小诵管理国家，就有点麻烦了！毕竟还有七个兄弟在看着呢！尤其是老三（管叔）非常不服，论资排辈他是周公的哥哥，理应由他代理，啥时候轮到老四了？

不服也没用，毕竟实权都在周公手里。但是老三不想放弃，于是明的不行就来暗的。他暗中勾结老五、老八，还有纣王的儿子武庚，外加东夷族，算是勉强组了个队，在一个月黑风高的夜晚对周公发动了突袭。

《史记·周本纪》："管叔、蔡叔群弟疑周公，与武庚作乱，畔周。周公奉成王命，伐诛武庚、管叔，放蔡叔。"

周公很快就把叛乱平息了，然后诛杀了老三（管叔）和武庚，顺便把东边五十多个不服管的小国也给灭了，彻底扫清了周朝的外部反动势力。然后周公大喊一声："还有谁？！"

没有人回应。于是周公挥挥衣袖，打算重新分封天下。

周公正式提出了按照血缘还有"功劳大小"为主的分封思想，简单说就是周王朝周边七十多个封国的老大必须是王室成员或者是功臣、先代贵族。这些诸侯可再分封，享有封地的同时，必须服从周天子的命令，以确保姬家的王位坐得久。

《史记·周本纪》："以微子开代殷后，国于宋。颇收殷余民，以封武王少弟封为卫康叔。晋唐叔得嘉谷，献之成王，成王以归周公于兵所。周公受禾东土，鲁天子之命。"

接着，周公定下了王位只能由长子继承的宗法制，这样就不用像夏朝和商朝一样，为了争王位，打得天下乌烟瘴气。

随后周公又规定土地国有，不能买卖，同时颁布井田制、制作礼乐等。做完这些，周公把朝政大权归还了周成王姬诵，正式功成身退。

《礼记·明堂位》："成王幼弱，周公践天子之位，以治天下；六年，朝诸侯于明堂，制礼作乐，颁度量，而天下服；七年，致政于成王。"

09 追寻诗和远方的父子俩

（公元前1036—公元前922年）

周公旦把权力交还给周成王之后就过起了退休生活，周公旦、周成王和周康王在位期间开启了著名的"成康之治"，使得国家稳定而繁荣。

他们之后的帝王们又是怎样的呢？

周康王之后是周昭王和周穆王父子俩。这父子二人有个共同点，就是不喜欢宅在皇宫里，他们的兴趣永远是征服远方。简单地说，就是打到哪里，哪里就是家！

> 《史记·周本纪》："故成康之际，天下安宁，刑错四十余年不用。"

先说周康王的儿子周昭王，名曰姬瑕。坐上帝位后，周昭王把想要征服的远方定在了南边的荆楚一带。这一带山好水好，重点是这地方有诱人的"铜"。周昭王带着人马浩浩荡荡冲过去，开拓了疆土，获得了大量的战略物资——铜。

> （唐）张守节《史记正义·周本纪》："云：'昭王德衰，南征，济于汉，船人恶之，以胶船进王，王御船至中流，胶液船解，王及祭公俱没于水中而崩。'"

回去后，周昭王觉得不过瘾，又去了第二次、第三次……不幸的是，第三次的时候，他的船遇到急流，散架了，他掉进水里淹死了。

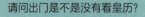

周昭王去世后，他儿子姬满继承了帝位，成了周穆王。

当时西边的犬戎人不太听话，周穆王就带领军队征讨犬戎，不断向西开疆拓土，打得犬戎只能乖乖臣服。

搞定了犬戎人，周昭王满意地说："你们这地方风光不错，我下次再来！"

犬戎人以为"下次再来"只是周穆王的客气话，认为他不会再来了，所以继续骚扰周朝边境，抢抢鸡、抢抢羊、抢抢人，抢完就跑。

消息传到周穆王那里，周穆王一拍桌子："哎呀，这帮犬戎人活腻歪了吧！"

于是周穆王又带领人马浩浩荡荡杀过去，吓得犬戎人又赶紧假装臣服，这次周穆王直接把他们杀掉了一大批，剩下的都押到太原一带流放。

《列子·周穆王》："不恤国事，不乐臣妾，肆意远游。"

《后汉书·西羌传》："至穆王时，戎狄不贡，王乃西征犬戎，获其五王，又得四白鹿，四白狼，王遂迁戎于太原。"

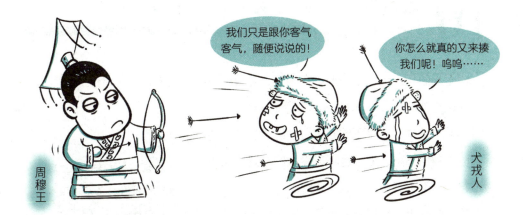

由于周穆王长期不在家，处在周朝东边的东夷族徐国便趁机进攻周王朝。可是徐国压根没想到，周穆王虽然经常在外面跑，但行动力和战斗力超常。周穆王听说徐国谋反后，以惊人的速度从千里之外奔袭回来，打得徐国直呼："我错了，别打了！"

总的来说，周昭王和周穆王父子不断开疆拓土，让周朝的疆域扩大了不少，也让后世子孙的王位更稳固了。

《后汉书·东夷列传》："后徐夷僭号，乃率九夷以伐宗周……穆王畏其方炽，乃分东方诸侯，命徐偃王主之……穆王后得骥騄（lù）之乘，乃使造父御以告楚，令伐徐，一日而至。"

10 老百姓好欺负？兔子急了也咬人哦！

（公元前878年—公元前841年）

由于周昭王、周穆王长期不在朝堂，导致朝政松弛没人管。在周穆王之后，国家就开始走下坡路。下坡到什么程度呢？

不客气地说，直接下坡到老百姓冲进王宫，追得周厉王翻墙逃跑，太子也吓得慌忙跑到别人家里躲了起来，整个王城比一锅粥还乱。

这是咋回事呢？说起来都是周厉王引起的。

《史记·周本纪》："厉王太子静匿召公之家，国人闻之，乃围之。"

周厉王是周王朝的第十任君王，叫姬胡，传说他出生的时候又下冰雹又发大水，大家都说是不祥之兆。

《史记·周本纪》："王行暴虐侈傲，国人谤王。"

周厉王长大后继承王位，看见国家经济不太好，就决定改革。一开始大家还挺高兴的，以为可以靠改革过上好日子了，然而，改革的结果就是，周厉王的钱包鼓鼓，其他人的钱包却瘪得不行。

周厉王的改革中有条致命的规定：山林湖泊河流都是周厉王的，其他人不许碰。

这还得了！贵族们没有了这些东西还可以靠俸禄生活下去，老百姓失去这些简直就是要命，于是开始议论纷纷，甚至咒骂周厉王。

周厉王听说后，派人监视老百姓，谁敢说他的坏话就砍了谁，吓得大家赶紧闭嘴，只敢用眼神交流，但周厉王看不见那眼神里充满的恨意。

《史记·周本纪》："王怒，得卫巫，使监谤者，以告则杀之。其谤鲜矣，诸侯不朝。"

周厉王看见大家都不说坏话了，觉得自己真是好有魄力，然后继续喝酒、吃肉、听美人唱小曲。

最终老百姓实在忍不下去了，便组织起来杀入王宫。

此时周厉王正在和舞姬跳舞，看见百姓冲进来，吓得鞋子都没穿就翻墙逃跑了。那些没来得及逃跑的臣子们，被老百姓一顿暴揍。

《史记·周本纪》："于是国莫敢出言，三年，乃相与畔，袭厉王。厉王出奔于彘（zhì）。"

这一事件，便是西周历史上著名的"国人暴动"（国人：居住在国都之人）。暴动发生后，周厉王连夜逃到了山西霍县，气喘吁吁的他仅剩半条命了。

寡人这么可爱，他们为啥要造反？这个社会太残酷了！

大王，咱快溜吧！

周厉王

大臣

太子姬静则逃到了一个叫召穆公的家里躲起来。老百姓们就跑到召穆公家里要人。召穆公没办法，只能让自己的儿子冒充太子，把人交了出去。太子因此逃过一劫，后王姬胡对召穆公感激涕零，还拜托召穆公处理朝政。

《竹书纪年》："国人围王宫，执召穆公之子杀之。十三年，王在彘，共伯和摄行天子事（号为共和）。"

11 周幽王烽火戏诸侯，西周亡了！

（公元前841年—公元前771年）

　　周厉王因为贪图个人利益而不顾百姓死活，最终被民众驱逐后死在异乡。那么他的子孙会不会吸取他的教训呢？

　　答案是他儿子周宣王（姬静）会。在周宣王的治理下，国家曾一度出现了中兴局面（宣王中兴）。但是周厉王的孙子就不行了，他的孙子走出了一条比爷爷还惊天动地的失败之路，最后连小命都玩完了。

《史记·周本纪》："宣王即位，二相辅之，修政，法文、武、成、康之遗风，诸侯复宗周。"

周厉王的孙子叫周幽王，名姬宫湦（shēng），是西周第十二任君王。周幽王登上帝位的第二年，王都附近的泾、渭、洛三条河川地带都发生地震，不久后就河水枯竭，连岐山也崩塌了。当时有大臣跟姬宫湦说这是不祥之兆，让姬宫湦千万别做昏君。

但是姬宫湦不以为意，就喜欢我行我素。他非常宠幸一位叫褒姒的妃子，每天悠哉乐哉，完全不理朝政。大臣们看着真是心里一万个着急。

《史记·周本纪》："幽王二年，西周三川皆震。伯阳甫曰：'周将亡矣。……'"

传说这位褒姒比较高冷，不爱笑，姬宫湦为了让褒姒笑一笑，居然让士兵点燃烽火。各路诸侯们看见烽火，以为有人偷袭天子，本想立个大功表现一下，可是等到他们气喘吁吁跑到王都一看，姬宫湦和褒姒竟然好好地坐在城楼上看着他们哈哈大笑。

然而这种烽火戏诸侯的事情，姬宫湦居然干了不止一次！

当时的太子是申后所生的姬宜臼，可是等到褒姒生下儿子姬伯服后，姬宫湦可能是爱屋及乌，越看越喜欢姬伯服，就想改立太子。

于是姬宫湦同学为了再博褒姒一笑，直接废除了姬宜臼的太子之位，改立褒姒的儿子姬伯服做了太子。这让姬宜臼和他娘哭了好几夜。

《史记·周本纪》："褒姒生子伯服，幽王欲废太子。太子母申侯女，而为后。后幽王得褒姒，爱之，欲废申后，并去太子宜臼，以褒姒为后，以伯服为太子。"

但是姬宜臼的娘是申国国君的女儿，堂堂公主怎么可能受得了这窝囊气。于是跑回娘家跟申侯告状，申侯一听气坏了，马上联合缯国、西夷犬戎一起攻打周幽王姬宫湦。

姬宫湦吓得马上向各路诸侯求援。可是这些诸侯被姬宫湦戏耍了好几次，以为他又在瞎胡闹，就没搭理他。

最后姬宫湦被人砍死了，至此建立了几百年的西周宣告灭亡。

《史记·周本纪》："申侯怒，与缯、西夷犬戎攻幽王。幽王举烽火征兵，兵莫至。遂杀幽王骊山下，虏褒姒，尽取周赂而去。"

第三篇

春秋时期

（公元前770年—公元前476年）

01 千古第一友谊估计你没见过

（公元前770年—公元前685年）

姬宫湦死后，他的儿子姬宜臼登上了王位，是为周平王，他把都城从镐京（今陕西省西安市长安区西北）迁到了洛邑（今河南省洛阳市），我国历史从此进入东周时期，也就是我们熟知的春秋时期。

此时的周王朝已经弱小得没人愿意理它了，而其他诸侯国则是又强又壮。这些诸侯国为了争做江湖老大，积极发传单招揽人才，不过他们一直没发现茫茫人海中有两个奇才：管仲和鲍叔牙。

《史记·周本纪》：平王立，东迁于雒（luò）邑，辟戎寇。平王之时，周室衰微，诸侯强并弱，齐、楚、秦、晋始大，政由方伯。

两位，工作不好找，要不要来应聘我们的家奴？无须证明，即刻上班哦！

管仲是个穷小子，鲍叔牙家里比较有钱。那时管仲出去摆地摊，就拉鲍叔牙一起投资生意。可是每次赚了钱要分红的时候，管仲都多拿一点儿。鲍叔牙却并不在意，说管仲家穷，要侍奉老母亲，他应该多拿。管仲看鲍叔牙这么讲义气，就主动跑去帮鲍叔牙办事，可是每次都办砸，鲍叔牙安慰他说："不是你不行，而是时机不好！"

《列子·力命》："管仲尝叹曰：'吾少穷困时，尝与鲍叔贾，分财多自与；鲍叔不以我为贪，知我贫也。'"

不久后两人发现生意没"钱途"，就一起去当兵。可是在战场上，每次冲锋的时候管仲都缩着头躲在后面，撤退的时候又总是跑得最快。大家都觉得他太贪生怕死了，但鲍叔牙说，管仲是为了留着小命回家照顾老母亲，不是真的贪生怕死！

管仲一听，哭得稀里哗啦的，认定鲍叔牙是自己的知音。

后来管仲去做官，三次被贬，鲍叔牙又说："不是你没才能，只是没遇到赏识你的人！"

《列子·力问》："吾尝三仕，三见逐于君，鲍叔不以我为不肖，知我不遭时也。"

后来管仲和鲍叔牙分别辅佐齐国的国君候选人公子纠和公子小白。

齐国国君齐襄公驾崩后，得到消息的管仲和鲍叔牙分别从鲁国和莒（jǔ）国把公子纠和公子小白送往齐国，双方都想率先让自己辅佐的人当上国君。

管仲小心思比较多，为了万无一失，竟然带人在半路截杀公子小白，向他射了一箭。幸运的是，只射中了小白的带钩（腰带的挂钩）。鲍叔牙连夜护送小白率先赶回了齐国，小白最终当上了国君。

《史记·齐太公世家》："议立君，高、国先阴召小白于莒……管仲别将兵遮莒道，射中小白带钩。小白详死……小白已入，高傒立之，是为桓公。"

公子小白就是后来春秋时期的第一位霸主齐桓公。齐桓公当上国君后，想起自己被射的那一箭，誓要杀管仲。鲍叔牙却说，不能杀管仲，他可以帮你得到天下！

《左传·庄公九年》："管仲请囚，鲍叔受之，乃堂阜而税之。归而以告曰：'管夷吾治于高傒，使相可也。'公从之。"

齐桓公一听"天下"两字，那一箭的阴影当即没了，然后就拉着管仲聊"天下"，这一聊，齐桓公直呼管仲是个奇才。

从此，管仲和鲍叔牙结下了最铁的战友情谊，一起帮助齐桓公争霸天下。

02 "春秋第一位霸主"练成秘籍：尊王攘夷
（公元前685年—公元前651年）

话说管仲是不是真的像鲍叔牙说的那样有真本事呢？

齐桓公也不是傻子，回家睡了一觉起来后脑子就清醒了，心想是不是被管仲忽悠了？于是急急忙忙跑去找管仲说："你先给我办几件事看看呗，不然我还是要砍了你哟！"

管仲说："行啊！先吃个早餐！"

《史记·齐太公世家》："乃详为召管仲欲甘心，实欲用之。管仲知之，故请往。鲍叔牙迎受管仲，及堂阜而脱桎梏，斋祓（fú）而见桓公。桓公厚礼以为大夫，任政。"

管仲写了一大堆治理国家的计划。

首先是对内计划，在经济上推行"相地而衰征"的土地税收政策。简单地说就是哪块地比较肥，收税就高一点儿；哪块地比较烂，一年也产不出几颗粮食，收税就少一点儿。这样大大提高了农民干活的积极性。

管仲洋洋洒洒写了几百条，齐桓公过来一看，心想：写得还可以哦，看来没白忽悠。便彻底放心了。

其次是对外计划，提出"尊王攘夷，九合诸侯"的方针。

齐桓公没看懂这是啥意思，急忙问管仲。管仲说："很简单，就是你可以称霸混个盟主当当，但是千万别自己当天子！然后多拉其他诸侯做小弟，没事就带他们去打打外面的蛮族，扩大地盘树立威望！"

齐桓公问："为啥不能做天子呢？"管仲答："你要这么做，其他诸侯就该一起砍你了！"

制定完计划，管仲就选了几个能干的人实施计划，风风火火地大搞改革，齐国随之强大起来。

五年后，齐、宋、陈、蔡、邾（zhū）五国国君一起跑到齐国举行"北杏会盟"，齐国齐桓公首创以盟主的身份主持天下会盟的纪录，大家都不记得江湖上还有天子的存在了。

《左传·庄公十三年》："十三年春，会于北杏，以平宋乱。遂人不至。"

这时管仲对齐桓公说："你看，你现在虽然不是天子，但胜过天子啊。"

齐桓公拉着管仲的小手满意地点点头说："没错，实力比虚名重要呀！"

随着齐国国力进一步增强，齐桓公又多次主持会盟，成了真正的盟主。

周惠王想废掉王子郑的太子之位。后来周惠王一死，齐桓公马上拉诸侯们举行会盟，推举王子郑登上王位，王子郑感动得稀里哗啦的。等到齐桓公举行葵丘会盟的时候，已经是周襄王的姬郑派人赏赐齐桓公各种礼物，令各路诸侯羡慕不已。

至此，齐桓公的春秋第一霸主的身份被正式确立。

《左传·僖公九年》："夏，公会宰周公、齐侯、宋子、卫侯、郑伯、许男、曹伯于葵丘。秋七月乙酉，伯姬卒。九月戊辰，诸侯盟于葵丘。"

03 宋襄公的"仁义之师"
（公元前650年—公元前637年）

《史记·齐太公世家》："管仲死，而桓公不用管仲言，卒近用三子，三子专权……桓公病，五公子各树党争立。及桓公卒，遂相攻，以故宫中空，莫敢棺。"

齐桓公坐上春秋第一霸主的位置后，逍遥了好几年。可是管仲死后，齐桓公竟然糊涂地任用小人，最后被这些小人关起来活活饿死了。

齐桓公完美地示范了"不做天子做霸主"的成功模式后，不知道有多少人想效仿。现在齐桓公死了，大家心里的小算盘终于藏不住了，全都争着要当霸主。

第一个站出来的就是宋襄公。

　　宋襄公是宋国的第二十位君主。在齐桓公称霸的时候，宋襄公就是齐桓公的第一铁粉。齐桓公说咱们去砍蛮族，宋襄公第一个冲上去砍；齐桓公说明天我们会盟，宋襄公第一个到场。

　　后来齐桓公几个不争气的儿子争当国君，把太子昭踢到一边，宋襄公冒着很大的风险将太子昭送回齐国做了国君，而这只是因为太子昭是齐桓公和管仲选中的君主。

《史记·齐太公世家》："宋襄公率诸侯兵送齐太子昭而伐齐。齐人恐，杀其君无诡……宋败齐四公子师而立太子昭，是为齐孝公。宋以桓公与管仲属之太子，故来征之。"

因为讲仁义，宋襄公很快出了名。再加上宋国实力大增，宋襄公觉得自己可以当一回盟主了，于是就叫诸侯们来会盟，这次齐国、楚国等大国的国君都来了，人数不少。

《史记·宋微子世家》：
"八年，齐桓公卒，宋欲为盟会。十二年春，宋襄公为鹿上之盟，以求诸侯于楚，楚人许之。"

宋襄公乐坏了，以为大家都承认自己是大哥了，一高兴就多喝了几杯，喝完醉醺醺地说："到了秋天，我们再在盂地会盟，你们要来哟！"

但是他没发现，此时楚国国君的脸色不太好看。

到了秋天，盂地会盟如火如荼，可是楚国国君说："我才是老大！"宋襄公表示不服。楚国国君二话不说，马上派人把宋襄公抓起来关进了小黑屋。后来经过鲁僖公的调解，宋襄公才被放出来。

后来，宋襄公听说楚国之所以敢这么嚣张，是因为郑国支持楚国当霸主，于是决定攻打郑国。郑国立刻哭着向楚国求救。楚国说："我罩你！"然后楚、宋两国各自出兵了。

《史记·宋微子世家》：
"于是楚执宋襄公以伐宋。冬，会于亳，以释宋公。"

楚、宋两军在河边相遇了，楚军二话不说就要渡河攻打宋军。宋军的军师跟宋襄公说，趁他们渡河，队伍混乱，将他们一举消灭！可是宋襄公表示，咱们是仁义之师，等他们过了河、布好阵再光明正大地打。

《史记·宋微子世家》："襄公与楚成王战于泓。楚人未济，目夷曰：'彼众我寡，及其未济击之。'公不听。已济未陈，又曰：'可击。'公曰：'待其已陈。'陈成，宋人击之。宋师大败，襄公伤股。国人皆怨公。"

等到楚军过了河、布好了阵，宋襄公还没来得及下令出击，楚军就突然进攻，把宋军砍得鬼哭狼嚎，宋襄公也被射中了大腿，最后宋军彻底战败。从此，宋国开始走下坡路，宋襄公也因为腿伤严重，硬撑了一年后去世了。

04 五张羊皮换来的人才
（公元前655年—公元前637年）

齐桓公和宋襄公相继谢幕，但这不妨碍中原的诸侯们天天互砍，争当霸主。

那么中原之外的诸侯国在干啥呢？吃着瓜看中原的诸侯们互砍吗？

此时中原之外的诸侯国中比较强大的是西边的秦国，国君是秦穆公。

秦穆公可是春秋五霸之一！他一刻也没闲着，时刻热血沸腾地忙着富国强兵，准备加入这场中原争霸赛！

秦穆公叫赵任好，是秦国的第九位国君，是一位有抱负有谋略的君王。他为了富国强兵，对人才的渴求是非常的急切，但他却说："本王只用外地人，本地贵族一律不要！"

（唐）司马贞《史记索隐·秦本纪》："秦自宣公已上皆史失其名。今按系本、古史考，得缪公名任好。"（注："穆公"与"缪公"在史实资料里常混用，本书仅引文用"缪公"）

这是为啥呢？因为外地人再牛也只是一个人；本地贵族都是一伙一伙的，你给他们权力，他们就会拉帮结派，弄不好就把国君一刀砍了。

秦穆公的外地人才中有一位最牛的，他叫百里奚，也作百里傒。

　　百里奚是春秋虞国（今山西省平陆县北）人，虽然很有才华，但是家里很穷。于是百里奚就出门游学，可是最后混到差点儿讨饭的地步，幸好遇见了一个叫蹇（jiǎn）叔的人帮忙，到了虞国做官。

　　百里奚以为老天开眼，心想这辈子终于可以一展宏图了，可是没多久虞国就被晋国灭了，百里奚的远大抱负瞬间碎了一地。

　　这还没完，晋国国君竟然罚百里奚做奴隶。百里奚两眼一黑，差点儿吐血。

《史记·秦本纪》："五年，晋献公灭虞、虢（guó），虏虞君与其大夫百里奚，以璧马赂于虞故也。"

后来秦穆公和晋国联姻，晋国国君就将女儿嫁给秦穆公，并把百里奚作为陪嫁的奴隶一起送去秦国。百里奚不甘心当奴隶，于是走到半路的时候就脚底抹油，逃到了楚国，凭着一流的养牛技术做了个养牛的官，把楚庄王的牛养得膘肥体壮。

晋国国君的女儿到了秦国后，秦国的人发现嫁妆少了，而且少的是有贤名的百里奚，秦穆公求才若渴，心想，这样的人才绝对不能放过！

于是秦穆公派人四处打听百里奚的下落，终于打听到了他在楚国养牛。秦穆公想用重金把百里奚赎回来，但是秦穆公的谋士说："不能用重金，用重金的话楚庄王就会觉得百里奚很有价值，不会给我们的。"于是秦穆公改用五张羊皮，外加一流的谈判技巧，把百里奚赎回了秦国。

接着秦穆公就和百里奚进行了一次长谈，发现他果然是一流的人才，便让他当丞相。

百里奚感激秦穆公的知遇之恩，非常卖力地替秦穆公打工，让秦穆公成了春秋时期的一代霸主。

05 流亡公子的逆袭之路

（公元前666年—公元前632年）

　　百里奚在辅佐秦穆公后，把秦国养得实力雄厚，这就使得秦穆公有了成为霸主的资本。但东边有一个国家开始和秦国争夺霸主之位，这就是秦国的老邻居晋国。

　　此时的晋国国君是晋献公，是晋国的第十九任君主，此人年轻的时候特别能打仗，史书记载他"并国十七，服国三十八"。但是他年纪大了就贪图享乐，沉迷美色，压根没法和秦穆公争江湖老大地位，倒是他的儿子重耳具有极大的争霸潜能，是一个"潜力股"。

《史记·晋世家》："武公代晋二岁，卒。与曲沃通年，即位凡三十九年而卒。子献公诡诸立。"

重耳不是太子，因此国君的位置和他根本没啥关系，他对王位也没啥兴趣。但是命运注定要他跟国君扯上关系。

此时晋献公宠幸骊姬。骊姬就开始飘飘然，觉得自己的亲生儿子应该做太子，于是就天天忽悠晋献公，耍诡计让晋献公把太子申生以及重耳驱逐出了王城。不仅如此，骊姬觉得要斩草除根，便进一步陷害太子申生，最后逼得申生自杀，重耳为了避祸，麻溜地跑了。

《史记·晋世家》："献公二十一年，献公杀太子申生，骊姬谗之，恐，不辞献公而守蒲城。"

后来，重耳跑到了齐国，春秋第一霸主齐桓公觉得这娃看着挺顺眼的，就好酒好肉招待他，顺便白送他一个叫齐姜的美人做媳妇。重耳就在齐国住下了。

齐桓公去世后，齐国发生内乱，重耳的小跟班就劝他回晋国去把失去的夺回来，但是重耳说，这日子虽然清贫，但是很安全，没事别瞎折腾。倒是他媳妇齐姜有志气，直接把他灌醉，然后丢到牛车上送回晋国去了。

《史记·晋世家》："至齐，齐桓公厚礼，而以宗女妻之，有马二十乘，重耳安之……齐女……乃与赵衰等谋，醉重耳，载以行。"

在古代，从一个国家到另一个国家要走很久，重耳在回晋国的路上风餐露宿，落魄得像个乞丐。他先后经过了曹国、宋国、郑国、楚国，曹国和郑国的国君根本不理他，只有宋国和楚国给了他一点儿资助。最后重耳到了秦国，秦穆公觉得他看着挺顺眼的，当然也有自己的政治打算，于是就好酒好肉地招待重耳，然后派重兵把重耳护送回晋国。

此时的晋国已经经历了多次政权更迭，晋国的百姓非常欢迎重耳回来，大家一起赶走了不得人心的晋怀公（重耳的侄子），让重耳当上了国君。

《史记·晋世家》："重耳至秦，缪公以宗女五人妻重耳……十二月，晋国大夫栾、郤（xì）等闻重耳在秦，皆阴来劝重耳、赵衰等反国，为内应甚众。于是秦缪公乃发兵与重耳归晋。"

《左传·僖公二十八年》："五月癸丑,公会晋侯、齐侯、宋公、蔡侯、郑伯、卫子、莒子,盟于践土。"

登上帝位后,重耳不忘逃亡十九年吃过的苦,想要带领百姓奔向繁荣富足,努力提高国家的经济实力。不久后,周襄王的弟弟想要篡位,重耳还非常有义气地跑去救驾,保住了周襄王的小命和帝位,周襄王对他感激得不要不要的。

后来,重耳打败了很多小国,江湖威望一路飙升。有了实力和威望后,重耳就邀请各诸侯国在践土会盟,周襄王也亲自参加,于是重耳成了新一代的春秋霸主。

新任春秋霸主证书授予兼公告仪式

06 弦高假扮使者救郑国
（公元前628年—公元前627年）

晋文公成为霸主的时候，就连曾经看不起他的郑国也成了他的小弟，后来郑国国君去世了，几乎与此同时晋文公也去世了。其他国家听说晋文公去世后，都乐坏了，因为没有竞争对手了！

秦穆公也乐呵了好几天。此时留在郑国的秦国大将报信说，郑国现在群龙无首，自己可以在郑国北门做内应，要秦穆公快点儿派人来夺取郑国！秦穆公觉得确实是个好机会，于是就准备发兵偷袭郑国。

《左传·蹇叔哭师》："杞子自郑使告于秦曰：'郑人使我掌其北门之管，若潜师以来，国可得也。'"

大半夜打电话，你不会先发个微信吗？扣你这月奖金！

秦穆公

老大，郑国现在群龙无首，快来攻取！

秦国大将

还记得那个养牛能手百里奚吗？他现在是秦国的相国，他说："大王，打不得！"

另一个相国蹇叔也劝秦穆公说："大王，打了会吃亏的！"

《史记·秦本纪》："缪公问蹇叔、百里奚，对曰：'径数国千里而袭人，希有得利者。且人卖郑，庸知我国人不有以我情告郑者乎？不可。'"

秦穆公一直有做霸主的野心，现在怎么会听得进去呢？他命令百里奚和蹇叔的儿子做领兵的大将军，让他们带着300辆兵车去偷袭郑国。可是秦国距离郑国几百公里，秦军就这么浩浩荡荡地招摇过市，以为别人都是睁眼瞎看不见吗？

这时有个卖牛的郑国人叫弦高，正悠哉地赶着他的牛到成周（今河南省洛阳市）去卖。在半路上，弦高遇见了一个赶路的老乡，就一起喝喝酒聊聊天。这个老乡就说他看见秦军去打郑国，现在已经过了周天子王城的北门了。

弦高听了吓一跳，心想这还得了！自己的老婆、孩子、老爹、老娘都还在郑国老家呢！被秦军一锅端了怎么办？一定要想办法阻止秦军！

《左传·僖公三十三年》："及滑，郑商人弦高将市于周，遇之。"

弦高看着他的牛想了半天，突然灵光一闪，想出了一个很牛的办法！他一边派人通知郑国，一边打扮成郑国使者的模样，给他的牛披红挂彩的，然后就赶着牛到

了秦军面前。

秦军看见弦高，问："你是谁？"

弦高说："我是郑国派来的使者，我们国君听说你们要来，就让我送几头牛过来慰劳慰劳你们。"

秦国大将一听，心想：坏了！我们精心准备的偷袭计划居然被郑国知道了！

《左传·僖公三十三年》："郑商人弦高……牛十二，犒师，曰：'寡君闻吾子将步师出于敝邑，敢犒从者。不腆敝邑，为从者之淹，居则具一日之积，行则备一夕之卫。'且使遽告于郑。"

这压根没法偷袭了，郑国肯定有所准备呀，打了肯定吃亏，那咋办呢？

秦军此时所在的地方是滑国。滑国是个小国，平时挺安分守己的，也没招谁惹谁，但此时他们倒霉了。秦国大将为了不空着手回去交差，就瞄了一眼滑国说，你们滑国有罪哦！

滑国都还没来得及问什么罪呢，秦军就一窝蜂冲上去把滑国给灭了，然后抢了一堆东西回去交差了。

《史记·秦本纪》："秦三将军相谓曰：'将袭郑，郑今已觉之，往无及已。'灭滑。滑，晋之边邑也。"

07 殽之战：出来混，都要还的

（公元前627年—公元前623年）

　　秦军偷袭郑国不成，便把倒霉蛋滑国给灭了。虽然滑国很小，但是滑国的国君和晋国的国君是同姓同族，平时也没少来往。现在秦军在晋国家门口把人家兄弟给灭了，晋国怎么可能忍得下这口气。

　　此时晋文公刚刚去世，他儿子晋襄公愤怒地表示：我老爹都还没下葬，你秦国就来搞事，这口气必须出！

《史记·秦本纪》："当是时，晋文公丧尚未葬。太子襄公怒曰：'秦侮我孤，因丧破我滑。'遂墨衰绖（dié），发兵遮秦兵于殽，击之……"

于是晋襄公马上组织军队，让大家把衣服全部染成黑色，连夜朝秦军扑去。

此时的秦军拉着一大堆抢来的金银财宝加美女，正慢悠悠地往秦国走。

晋军很快赶在秦军的前头到了殽山，然后联络当地的姜戎部落，分别埋伏在山谷两侧。等到秦军进入山谷，晋军马上封锁山谷两头，然后冲过去对秦军一阵猛砍。

估计秦军到死都不知道是咋回事，就像他们灭掉滑国的时候，也没让滑国死个明白。

《史记·晋世家》："先轸（zhěn）曰：'秦侮吾孤，伐吾同姓，何德之报？'遂击之。襄公墨衰绖。四月，败秦师于殽，虏秦三将孟明视、西乞秋、白乙丙以归。"

这场仗是历史上有名的"殽之战"，秦军全部被歼灭，三个首领孟明视与西乞秋、白乙丙被活捉。刚登上帝位的晋襄公为自己积累了将来做盟主的资本，准备把孟明视、西乞秋、白乙丙三个秦将杀了。但是此时文嬴夫人站了出来，她是晋文公的媳妇，同时也是秦穆公的女儿，她劝说晋襄公把三个秦将给放了。

《史记·晋世家》："文公夫人秦女，谓襄公曰：'秦欲得其三将戮之。'公许，遣之。先轸闻之，谓襄公曰：'患生矣。'轸乃追秦将。秦将渡河，已在船中，顿首谢，卒不反。"

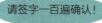

三个秦将回到秦国后，秦穆公居然没怪罪他们，还让他们继续当大将军，三个秦将感激涕零，发誓一定要报仇！

两年后，秦将孟明视再次率军攻打晋国，可是再次被晋军打了个落花流水。孟明视不死心，两年后再率军攻打晋军，这次终于打赢了！

这两场战役都是殽之战的余波。

《史记·秦本纪》："三将至，缪公素服郊迎，向三人哭曰：'孤以不用百里奚、蹇叔言以辱三子，三子何罪乎？子其悉心雪耻，毋怠。'遂复三人官秩如故，愈益厚之。"

被孟明视击败一次后，晋军不像秦军一样一根筋死磕，全都溜到城里玩起了躲猫猫，让所有城池的军队都别出战。

秦军就天天到城楼下又是喊又是骂。晋军说："你喊呗，累的又不是我！我就不出去！"

后来秦军也觉得没意思，跑到之前战败的殽山下祭拜死去的将士，然后就回去了。

这一次的殽山胜利，让秦国的东进计划得以初步实现。几年后，秦穆公攻打戎王，使十一个戎国投降，秦国成了西戎的老大。

《史记·晋世家》："后三年，秦果使孟明伐晋，报殽之败，取晋汪以归。四年，秦缪公大兴兵伐我，度河，取王官，封殽尸而去。晋恐，不敢出，遂城守。五年，晋伐秦，取新城，报王官役也。"

08 楚庄王：不鸣则已，一鸣惊人

（公元前613年—公元前606年）

打从齐桓公成了霸主，后面宋襄公、秦穆公、晋文公也一个个成为春秋时代的霸主，他们玩得最溜的称霸方式就是号召诸侯会盟，让大家承认自己的江湖大佬地位。但是有一个年轻人却觉得这种方法毫无新意，于是他决定玩个大的：直接打到天子家门口，让周天子在颤抖中承认他的春秋霸主地位！

这个勇于追求时髦的年轻人就是春秋时代最后一位霸主楚庄王。

《史记·楚世家》："八年，伐陆浑戎，遂至洛，观兵于周郊。周定王使王孙满劳楚王。楚王问鼎小大轻重，对曰：'在德不在鼎。'"

（晋）杜预《集解》曰："示欲逼周取天下。"

不走寻常路是我的宿命！

哎呀怎么连人家浴室也闯?！

周天子

楚庄王

《史记·楚世家》："庄王即位三年，不出号令，日夜为乐，令国中曰：'有敢谏者死无赦！'"

楚庄王是楚穆王的儿子，叫熊旅，他登上王位后不问政事，天天沉迷于酒色，唱歌跳舞累了就去打猎。为了让自己玩得尽兴，他干脆发布公告："谁来劝我，我就砍了谁！"

这让大家心里拨凉拨凉的。但是大家也不敢多嘴，就整天看着楚庄王不思进取，也不知道这楚庄王要玩到啥时候，估计这是他们见过的最差劲儿的君主了。

　　楚庄王一玩就是三年，后来有个叫伍举的大臣跑到宫里劝谏。伍举说："我只是想问大王一个问题：我看见我国山上有一种大鸟，落在上面三年了，既不鸣也不飞，不知道是什么鸟？"

　　楚庄王说："三年不飞，一飞冲天，三年不鸣，一鸣惊人！"

　　伍举是个聪明人，一听就听出了楚庄王话里的意思，高兴地离开了。

　　"一鸣惊人"这个成语就是这么来的。

《史记·楚世家》："伍举曰：'愿有进。'隐曰：'有鸟在于阜，三年不蜚不鸣，是何鸟也？'庄王曰：'三年不蜚，蜚将冲天；三年不鸣，鸣将惊人。举退矣，吾知之矣。'"

后来又有一个叫苏从的大臣冒死劝谏，然后楚庄王就再也不玩了。

楚庄王为啥再也不玩了呢？那都是他在演戏！目的只是为了看清谁是忠臣谁是奸臣，把大家的情况掌握得一清二楚后，就是他一鸣惊人的时候了！

从此，楚庄王整顿朝纲，积极任用伍举、苏从等忠臣，对内积极发展经济；对外就征讨那些整天打楚国主意的诸侯国，渐渐地，他建立起自己的江湖霸主地位。

《史记·楚世家》："于是乃罢淫乐，听政，所诛者数百人，所进者数百人，任伍举、苏从以政，国人大说。是岁灭庸。"

你说大王是不是一鸣惊人过头了？天天叫我们五点起来陪他工作……

你小点声！忍忍吧！

楚庄王

苏从

伍举

随着楚国真正强大起来，楚庄王派军北上争霸江湖，一直打到了周天子所在的洛阳城外。周天子真是吓得不要不要的，急忙派人去和熊旅沟通，顺便送点儿小礼物。

《史记·楚世家》："楚王问鼎小大轻重，对曰：'在德不在鼎。'庄王曰：'子无阻九鼎！楚国折钩之喙，足以为九鼎。'"

不料熊旅只是慢悠悠说出一句："我就是想来问问天子家里那口大鼎有多重。"

这让周天子彻底傻了眼，半天没弄明白咋回事。但是熊旅也不需要他明白，他只需要周天子知道他现在是春秋时期的霸主了！至此，熊旅一鸣惊人，达到了人生巅峰。

09 老子：就是这么神龙见首不见尾

（约公元前571年—公元前485年）

楚庄王去世后，霸主时代便宣告结束了，那么有同学就会问，还有那么多强国存在，难道就没有几个厉害的角色站出来成为新的霸主吗？

答案是还真没有！后来，这些诸侯国中虽然也有很多人想当一当霸主，可是没一个成功的。特别是吴越两国，他们也曾雄心勃勃地北上争霸，但最后也没逃过失败的命运。

不过在文化思想领域，此时华夏大地却出现了雄霸两千多年的"大佬"，第一位"大佬"就是神秘的老子。

（唐）张守节《史记正义·老子韩非列传》："老子，楚国苦县濑乡曲仁里人。姓李，名耳，字伯阳……手把十文。"

老子姓李，名耳，字聃。传说是因为他出生的时候耳朵特别大，所以叫李耳。

老子的父亲老佐担任宋国的司马，大小是个官，这让聪明好学的老子有了从小博览群书的条件。在那个时代，普通人能吃饱饭就很幸福了，读书是不敢想的事，所以老子的生活算得上是很幸福。长大后，博学的老子就到了周朝的图书馆做了馆长，那个时候天下已经没有比他更有知识的人了。

《史记·老子韩非列传》："周守藏室之史也。"

每天最幸福的事就是晒和书的合影，欧耶！

老子

幸福！

只会书本上的知识不算啥本事，能够创造知识才是真本事。老子就是这样的人。他发现图书馆里已经没有可以让他学的内容了，就开始创造自己的思想体系。

简单地讲，他的思想内核就是一个字：道。

道是什么？老子说这个要靠"悟"，不是语言能说明白的哟！这就有点儿让人摸不着头脑了，不过后来孔子问了一下老子，大概意思就是：顺其自然，无为而治。

老子《道德经》："人法地，地法天，天法道，道法自然。"

我悟了十年都没悟出来，咋整？

顺其自然就好。

爱因斯坦

老子

道

本来老子做图书馆馆长做得好好的，可偏偏人生就是充满了意外。

周敬王四年（公元前516年），周王室发生了内乱，周敬王的哥哥王子朝率兵和周敬王争夺王位。王子朝失败后，带着自己的部下逃去楚国，可是他逃了就算了，居然把周王朝图书馆里的很多珍贵典籍都一起带走了，这就让老子受到了牵连。面对突如其来的变故，老子深感责任重大，也意识到在这场政治风波中难以独善其身，于是主动辞去职务。

《史记·老子韩非列传》："老子修道德，其学以自隐无名为务。居周久之，见周之衰，乃遂去。"

老子虽然失业了，但他压根不放心上，索性骑上一头青牛，朝秦国出发，打算旅旅游，看看世界。当他走到函谷关的时候，却被守卫函谷关的将领尹喜拦下了。

尹喜认为老子是有大学问的人，就向老子讨教。老子说："我没啥学问，普通人一个。"

但是尹喜就不让他走，最后老子没办法，就写了一本书，把自己的思想都写了进去，这本书就是《道德经》。写完后，老子继续骑着牛朝西走去，从此再没人知道他在哪了。

《史记·老子韩非列传》："关令尹喜曰：'子将隐矣，强为我著书。'于是老子乃著书上下篇，言道德之意五千余言而去，莫知其所终。"

10 孔子：苦日子磨出大智慧，仁礼传千秋
（公元前551年—公元前479年）

　　老子骑着青牛在函谷关消失后，尹喜拿着他写的《道德经》仔细研究，也不知道他最后看懂了没有。不过大多数人看不懂《道德经》是真的，怎么办呢？没关系，反正老子说顺其自然，直接看下一位思想大佬就好了。

　　下一位思想大佬就是孔子，他的思想也是称霸了中华民族的文化两千多年，而且浅显易懂，朗朗上口，绝对不会看不懂。

《朱子语类》："天不生仲尼，万古长如夜。"

终于有一本不费脑就看懂的了，不用掉头发了！

记者

这不是我学生的课堂笔记吗？

孔子

　　孔子生于公元前551年，名丘，字仲尼，鲁国陬（zōu）邑（今山东省曲阜市）人。

　　孔子的老爹一直想要个儿子，可是连续生了九个都是女儿，无奈之下娶了小妾，终于生了个儿子，却发现是个残疾儿，孔子爹的心情沮丧到了极点。

（唐）张守节《史记正义·孔子世家》："家语云'叔梁纥娶鲁之施氏，生九女……乃求婚于颜氏……'"

　　没办法，孔子爹又找了一个小妾，终于生下了健康的孔子。不过，在孔子三岁的时候，他爹就去世了，然后他爹的大老婆就把孔子妈和孔子赶出了家门。

之后孔子度过了清贫的童年和少年时期，并且一直努力学习。这一段清贫的经历让孔子对底层百姓的生活有了深刻的了解。后来他去从政，一直做到鲁国的大司寇，差不多相当于现在的最高人民法院院长。

孔子的名气越来越大，上到国君，下到百姓，都来跟他学习讨教。但是好景不长，孔子与鲁国国君的政治分歧越来越大，最终被迫离开鲁国。

《史记·孔子世家》："其后定公以孔子为中都宰，一年，四方皆则之。由中都宰为司空，由司空为大司寇。"

离开鲁国后，孔子就开始带着弟子们周游列国，希望找到一个能让自己施展才华的地方。有的国君欣赏、尊敬他，却不太想用他；有的国君觉得他的思想不切实际，根本不搭理他。孔子只能不断地在不同国家之间奔波、讲学，其间遭遇了许多危险，还好学生们对他不离不弃，再加上楚国人相救，最终都化险为夷。周游列国十三年后，孔子回到了鲁国，继续从事教育和整理文献的工作。

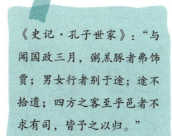

《史记·孔子世家》："与闻国政三月，粥羔豚者弗饰贾；男女行者别于途；途不拾遗；四方之客至乎邑者不求有司，皆予之以归。"

孔子和弟子

"舟"游列国

孔子的思想其实并不复杂，主要核心就是"仁"和"礼"，简单地说就是要讲仁义，要有礼法，不然就会乱。为什么诸侯之间经常互砍呢？就是因为没有仁义和礼法，最后君不像君，臣不像臣，父不像父，子不像子，因此孔子的治国方略也可以称为"德治"或者"礼治"。

可惜在那个混乱的春秋时代，这样的理想很难实现，大家整天只想着怎么在诸侯中争当老大。

于是孔子回到了鲁国，然后著书立说，只能在无尽的寂寞中让自己的思想流传下去。

《史记·孔子世家》："景公问政于孔子。孔子对曰：'君君，臣臣，父父，子子。'"

11 伍子胥复仇破楚国
（约公元前559年—公元前506年）

有一个厉害的人物与孔子同处一个时代，不过这人是个军事家，他就是伍子胥。

伍子胥是楚国人，名伍员，字子胥，不但学习好，而且功夫一流。他爹叫伍奢，是楚国太子的老师。本来父子二人小日子过得好好的，偏偏楚平王在奸臣费无忌的怂恿下，抢了太子的未婚妻，为了不让丑事败露，他们计划废掉太子，而且让伍奢陷害太子谋反！但伍奢坚决拒绝了。

《史记·伍子胥列传》："伍奢知无忌谗太子于平王，因曰：'王独奈何以谗贼小臣疏骨肉之亲乎？'无忌曰：'王今不制，其事成矣。王且见禽。'于是平王怒，囚伍奢，而使城父司马奋扬往杀太子。"

楚平王看伍奢拒绝，就决定先杀伍奢，再杀太子。但是他和费无忌担心伍奢的两个儿子伍尚和伍子胥会报仇，为了免除后患，就决定把伍尚和伍子胥一起杀掉。

接着，楚平王的使者就去召伍尚和伍子胥觐见。伍尚和伍子胥料到此去必定凶多吉少，但伍尚为人仁厚，决定去陪父亲一起死，而伍子胥懂得忍辱负重，坚决不肯去，他决定跑路，以便将来复仇。最终伍子胥幸免于难，而伍尚和父亲一起被杀了。

《史记·伍子胥列传》：伍胥遂亡。闻太子建之在宋，往从之。奢闻子胥之亡也，曰："楚国君臣且苦兵矣。"伍尚至楚，楚并杀奢与尚也。

大王，我有不好的预感。

寡人也是。

楚国大臣

楚平王

复仇者联盟招聘处

伍子胥

《史记·伍子胥列传》："郑定公与子产诛杀太子建。建有子名胜。伍胥惧，乃与胜俱奔吴。到昭关，昭关欲执之。伍胥遂与胜独身步走，几不得脱。"

逃离楚国后，伍子胥打算去和楚国有仇的吴国，因为找仇人的仇人结盟才会有机会报仇。但楚平王并不傻，不想给伍子胥任何复仇的机会，派人四处追杀伍子胥。

伍子胥先是逃到了宋国，可是宋国发生内乱，他又逃到了郑国，然后又从郑国逃往吴国。有一天早上醒来，他对着河水一照，自己的头发竟然全白了！逃亡的日子让他一夜之间老了几十岁。但他并没有放弃，心里的劲儿更足了。沿途百姓看他可怜，有的给他吃的，有的帮他躲避追兵。一路坎坎坷坷，伍子胥终于过了昭关。

伍子胥逃到吴国时，吴王僚刚刚坐上王位。吴王僚的堂兄公子光不服吴王僚，老想争夺王位，伍子胥看破不说破，便把江湖第一杀手——专诸介绍给了公子光。最终专诸刺杀了吴王僚，公子光登上王位，成为吴王阖闾，伍子胥也因此被重用。这时候伍子胥觉得是时候实施复仇计划了，他先劝说吴王阖闾攻打楚国，然后任用军事奇才孙武，开始找楚国干架。

公元前506年，伍子胥、孙武和吴王阖闾联合唐国、蔡国全面进攻楚国。

当时楚平王已死，楚昭王即位。面对强大的联军，楚国很快被干翻，楚昭王也脚底抹油逃跑了。伍子胥没找到楚昭王，便派人去挖了楚平王的坟墓，把他的尸体拖出来鞭尸，一直抽了三百鞭才罢休。

《史记·伍子胥列传》："楚昭王使公子囊瓦将兵伐吴。吴使伍员迎击，大破楚军于豫章，取楚之居巢……及吴兵入郢（yǐng），伍子胥求昭王。既不得，乃掘楚平王墓，出其尸，鞭之三百，然后已。"

12 吴越争霸：勾践卧薪尝胆终灭吴

（公元前496年—公元前473年）

吴国军队攻破了楚国，伍子胥也报了仇，一时间吴国威震江湖，想打谁就打谁。但是江湖争霸，胜败是兵家常事，不久后吴国就败给了邻居越国。

事情的起因是越王允常去世，越国上下都哭得稀里哗啦的，吴王阖闾觉得这是一统江湖的好机会，想趁着越国在办丧事的时候进攻越国。伍子胥却觉得不妥，极力劝阻。但是吴王阖闾不听，非要去一统江湖！

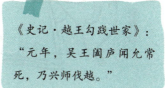

《史记·越王勾践世家》："元年，吴王阖庐闻允常死，乃兴师伐越。"

此时越国的国君是勾践，刚登上王位。听说吴国来攻打越国，他瞬间暴怒，直呼吴国太不讲江湖规矩了，怎么能趁人家老爹刚去世就来约架呢？想当年宋襄公还等对方过了河摆好阵才打呢！不行，必须给吴国一点儿颜色瞧瞧！

《史记·越王勾践世家》：越王勾践使死士挑战，三行，至吴陈，呼而自刭。吴师观之，越因袭击吴师，吴师败于携李，射伤吴王阖庐。

勾践赶紧准备抗敌，而越国的老百姓也都气得不要不要的，恨不得马上扒了吴王阖闾的皮！至此，越国上下同仇敌忾，在和吴国干架的时候勇猛无比，很快就把吴国打趴下了。

吴王阖闾在战斗中被射伤,临死前告诉夫差:"一定要帮我报仇!"于是夫差夜以继日地练兵,想帮他老爹报仇。勾践知道吴国想报仇,干脆就先动手。但是毕竟吴国有孙武这种兵神存在,这次勾践没占到便宜,被击败了,而且直接被活捉,成了吴国新任国王夫差的俘虏,从此每天给夫差当马夫。

《史记·越王勾践世家》:"吴王闻之,悉发精兵击越,败之夫椒。越王乃以余兵五千人保栖于会稽。吴王追而围之。"

这时勾践的表演天赋爆发了,他没有垂头丧气,而是每天低眉顺眼地服侍夫差,让夫差觉得他就是个忠实又没用的丧家之犬。

勾践凭着精湛的演技骗过夫差后,很快就被允许回家了。回家后,他立马变了个人,每天带领人民搞生产,暗中训练军队,让大家没事就多生娃,毕竟人多力量大。他每天睡觉吃饭前都要尝一口很苦的胆,日日提醒自己不忘记屈辱。十年后,越国重新强大了起来。

《史记·越王勾践世家》:"吴既赦越,越王勾践反国,乃苦身焦思,置胆于坐,坐卧即仰胆,饮食亦尝胆也。"

但是这样还不够!勾践还用钱贿赂吴国高官,离间吴国君臣关系,甚至让夫差杀了能干的伍子胥,他还用美人计麻痹夫差,使夫差天天沉迷美色,完全丧失了战斗力。

到了公元前482年，趁着吴王夫差去和其他江湖大佬会盟，勾践立马偷袭吴国，杀了吴国太子！

此时的越国无比强大，先是迫使吴国求和，随后又多次猛攻吴国。几年后吴国灭亡，吴王夫差被俘虏。不过吴王没有"卧薪尝胆"，而是直接举剑自杀了。

灭了吴国后，勾践意气风发，直接带兵北上，和各个诸侯国会盟，周天子也就承认了他的江湖大佬地位，封他为东方之伯。至此，勾践实现了强者的逆袭。

第四篇
战国时期

（公元前475年—公元前221年）

01 三家分晋：战国七雄全部登场了！

（公元前633年—公元前376年）

　　勾践灭掉吴国，成了春秋最后一位霸主，一帮小弟天天围着他转，让他风光了好一阵。但是英雄也有迟暮的一天，勾践去世后，众诸侯国又该怎么争霸呢？

　　本来江湖争霸这种事情，基本就是大鱼吃小鱼，小鱼吃虾米，但是现在居然出现了一种新的情况，那就是有一条大鱼分裂成了三条小鱼！这条大鱼就是处在西边的晋国，它从内部分裂成了三个新的国家，即赵、魏、韩。

《史记·晋世家》："于是晋始作三行。荀林父将中行，先縠（hú）将右行，先蔑将左行。"

　　分裂的根本原因在于晋文公称霸天下的时候，搞的一个三军六卿制。

　　在公元前633年，晋国与楚国的城濮之战前，晋文公为了让军队变得更有战斗力，将全部军队分成上、中、下三个军，其中"中军将"为正卿，权力最大。想坐这位置的人很多，晋文公便让大家轮流坐庄！于是晋国最有权势的大家族轮流做中军将，谁也别想多占便宜。

（唐）司马贞《史记索隐·晋世家》："韩、赵、魏、范、中行及智氏为六卿。后韩、赵、魏为三卿，而分晋政，故曰三晋。"

　　可是风水轮流转，转来转去只剩下赵、魏、韩三家了，其他人全被踢出局了！

剩下三家想继续把其他人踢出局，可彼此实力相当，咋办呢？

估计是打仗流血的日子见多了有点儿累了，三家的老大都从对方的眼神里看见了和平的小天使，于是一拍即合：不打了，分家！至此，堂堂大国晋国被分成了三小块。

不过，要想成为诸侯可没那么简单，毕竟天下的诸侯都是由周天子册封的，这样才能名正言顺，不然其他诸侯压根瞧不起你。

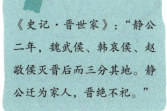

《史记·晋世家》："静公二年，魏武侯、韩哀侯、赵敬侯灭晋后而三分其地。静公迁为家人，晋绝不祀。"

本来对于赵、魏、韩来说，这事还真挺麻烦的。可是周威烈王爽快地说："你们分得好，我封你们为诸侯！"

《资治通鉴·周纪一》："周威烈王二十三年，初命晋大夫魏斯、赵籍、韩虔为诸侯。"

这突如其来的顺利倒是让赵、魏、韩三家的老大愣了好一会。其实周天子也有自己的小算盘，他认为最好所有的诸侯国都分成小鱼仔，这样就没人威胁他了！于是周天子选了个良辰吉日，于公元前403年册封赵、魏、韩成为新的诸侯国，还搞了个剪彩仪式。

三家分晋这件事让秦国也特别高兴。秦国的邻居就是晋国，晋国让秦国吃了不少苦头，现在晋国分成了三个小国，比原来好对付多了，以后想打谁就打谁！

然而事实是，分家后的魏国广招人才，富国强兵，一连让秦国吃了几次败仗，打得秦国一脸蒙圈，根本想不明白为什么小鱼比大鱼还狠。赵国、韩国也差不多，都不是好啃的骨头。

公元前376年，韩、赵、魏三家把晋国的剩余土地瓜分完毕，晋国彻底亡了。至此，战国七雄全部登场！春秋时代结束了，战国时代开启了！

02 商鞅变法：一个小侍从的巅峰操作

（公元前362年—公元前350年）

本来秦国以为三家分晋后自己会占便宜，没想到赵、魏、韩三个江湖新人还挺强，打得秦国失去了河西地区（今山西、陕西两省间黄河南段以西地区），秦献公还被迫割地给魏国，这让秦国非常苦恼。秦献公去世后，秦孝公于公元前362年即位，即位时才21岁，正是有大作为的好年华，他开始研究为啥赵、魏、韩这些新诸侯那么强，秦国那么弱。

《史记·秦本纪》："三晋攻夺我先君河西地，诸侯卑秦、丑莫大焉。献公即位，镇抚边境，徙治栎阳，且欲东伐，复缪公之故地，修缪公之政令。"

秦孝公研究完三个对手后，发现原来魏国强大的秘诀在于重用法家思想的人才！秦孝公也想找一个这样的人来帮助自己提升国家实力，可是去哪找呢？

大约公元前360年，魏国的相国病重，他对魏国国君说："我有个小侍从挺厉害的，你用他的话就会变得很强大，你不用他的话就杀了他，别让他去投靠别国！"但是魏国国君根本没当回事，而这个小侍从就是秦孝公要找的法家人才。

商鞅

相国叫寡人重用你，长得都没寡人万分之一帅，你还是有多远走多远吧！

魏国国君

……

魏国相国

这个小侍从叫商鞅，是卫国人。

魏国曾经有个牛人宰相李悝，他搞的变法很成功，还写了本《法经》。商鞅在魏国被国君无视，于是就拿着李悝写的《法经》到秦国找工作。这时候秦孝公正到处招聘人才，商鞅赶紧去应聘，面试官正是秦孝公。第一次面试，秦孝公听商鞅的演讲听得想睡觉；第二次面试，秦孝公还是听得想睡觉；第三次面试的时候，商鞅用自己擅长的法家思想去说服秦孝公，秦孝公瞌睡的双眼突然一亮，心想：有点儿意思哦！

秦国大型人才招聘面试现场

他这么站起来盯着我，是想打我吗？难道这次比前两次讲得更糟？

商鞅

真是说得太好了！寡人忍不住想跳个广场舞！不行，我要保住形象！

秦孝公

于是秦孝公决定让商鞅试试手，商鞅也不负众望，立刻着手推行变法。

在政治上，他推行县制，使地方管理更加精细化，提高了办事效率，削弱了地方大佬的势力，加强了中央对地方的控制。经济上，他鼓励老百姓多开荒种地、多产粮食、多织布，并承诺："只要你们干得好，税收全免！"老百姓一听，这条件好啊！于是加倍努力搞生产。他还推行了度量衡制度，大家买东西卖东西都方便了，再也不用担心缺斤少两的问题，做生意也更容易了。

而更让人振奋的是，商鞅还打破了陈规陋习，宣布："不论你是平民还是奴隶，只要你在战场上英勇杀敌，立下军功，就能晋升为贵族，享受荣耀与富贵！"这一消息像春风一样吹遍了秦国的每一个角落，让无数底层百姓看到了改变命运的曙光。他们热血沸腾，纷纷响应号召，积极参军，誓要在战场上证明自己，为秦国的强盛贡献一份力量。

《史记·商君列传》："有军功者，各以率受上爵……僇力本业，耕织致粟帛多者复其身……宗室非有军功论，不得为属籍……有功者显荣，无功者虽富无所芬华。"

经过商鞅变法后，秦国确实变得比以前强大了。公元前358年，秦国在西山（今河南省熊耳山以西）一举击败了韩国，瞬间引起了诸侯国的提防之心，楚宣王赶紧拉拢秦国，和秦国联姻，而秦国也开始和魏国会盟，破了秦国长期不与中原诸侯会盟的先例。

变法让秦孝公看见了实打实的效果，他赶紧又让商鞅进行了第二次更大力度的变法，秦国更加富足强大了，就连周显王也派使臣送去祭肉慰劳秦孝公，以求拉拢。

《史记·商君列传》："于是以鞅为大良造，将兵围魏安邑，降之……居五年，秦人富强，天子致胙于孝公，诸侯毕贺。"

这是寡人的一点小心意，别客气！

周显王

大礼包

秦孝公

03 孙膑斗庞涓：都是才华惹的祸
（公元前350年—公元前341年）

魏国和韩国是秦国的邻居，时刻受到来自秦国的威胁，看到秦国强大了，他们也到处发招聘人才的公告，想尽办法笼络各路人才。

功夫不负有心人，魏国找到了一个不错的人才。这人叫庞涓，是魏国人，曾在鬼谷子门下学习兵法，军事技术很专业。魏惠王很欣赏他，让他做了将军。庞涓在得到魏王重用之后，就像开了挂一样，为魏国打了好多漂亮仗。

庞涓有个同学叫孙膑（因受膑刑而叫膑，原名不详），是军事家孙武的后人，本事比庞涓还大。墨子的一个学生向魏惠王推荐孙膑，魏惠王就让庞涓写信叫孙膑来给他打工。庞涓一直嫉妒孙膑的才能在自己之上，不是很乐意，但老板的话又不能不听，于是就假惺惺地写了一封热情澎湃的信邀请孙膑出山，共享富贵。孙膑收到庞涓的信后，很感激老同学的推荐和邀请，于是就辞别了老师鬼谷子，去魏国上班了。然而他这一去，注定日子不好过。

《史记·孙子吴起列传》："孙膑尝与庞涓俱学兵法。庞涓既事魏，得为惠王将军，而自以为能不及孙膑，乃阴使召孙膑。"

孙膑到了魏国后，以其卓越的军事才能和深邃的战略眼光，在魏惠王面前侃侃而谈，赢得了魏惠王的赏识。魏惠王认为孙膑的才能甚至超过了庞涓，频频在众人面前称赞他。这让庞涓很不舒服，他很担心孙膑骑在自己头上，于是就诬陷孙膑投敌叛国！最终孙膑被削去了膝盖骨，成了残疾人，

《史记·孙子吴起列传》："膑至，庞涓恐其贤于己，疾之，则以法刑断其两足而黥（qíng）之，欲隐勿见。"

而他还不知道这一切都是庞涓搞的鬼！这时庞涓又骗孙膑把毕生所学写出来，可是孙膑的侍从打听到，庞涓计划等孙膑写完兵书就杀了他！孙膑恍然大悟，他赶紧烧掉兵书，然后装疯！

后来齐威王知道了孙膑的遭遇，就想办法把他偷偷弄到了齐国。

孙膑到了齐国后，被齐威王封为军师。经历了这些磨难后，孙膑很想和庞涓大干一场，以洗刷耻辱。很快，机会就来了！公元前354年，魏国派庞涓去围攻赵国的首都邯郸。

《史记·孙子吴起列传》："其后魏伐赵，赵急，请救于齐……乃以田忌为将，而孙子为师……田忌从之，魏果去邯郸，与齐战于桂陵，大破梁军。"

孙膑和齐国大将田忌一起去救援赵国。孙膑决定采用"围魏救赵"的战术，让田忌带兵直扑魏国的首都大梁。由于魏国主力部队在外，大梁的留守士兵都是老弱病残，庞涓只好赶紧带兵回来营救，而孙膑在桂陵（今河南省长垣市）搞埋伏，一举击败了庞涓！

公元前341年，魏国进攻韩国，韩国赶紧向齐国求救，齐国又派孙膑和田忌出马。孙膑再次采用老战术，没想到庞涓还上当，跑回去解围。并且，庞涓发现齐军每天做饭的灶数一天比一天少，天真地以为齐军怕死，天天有逃兵，于是放松了警惕，放心追杀，没想到直接进了孙膑在马陵（今山东省郯城县）山谷的埋伏圈。庞涓进入埋伏圈后，看见前面树上刻着字，写着"庞涓死于此树之下"。庞涓大惊，齐军瞬间万箭齐发，庞涓自觉走投无路，干脆自杀了。

《史记·孙子吴起列传》："孙子度其行，暮当至马陵……乃斫大树白而书之曰'庞涓死于此树之下'。于是令齐军善射者万弩，夹道而伏……"

04 老同学，一起玩个纵横游戏吧！

（公元前332年—公元前313年）

　　孙膑和庞涓都是鬼谷子的得意门生，是战国时代数一数二的人才，可惜庞涓因为嫉妒，害了孙膑也害死了自己，那么鬼谷子还有没有其他得意门生呢？

　　鬼谷子这个人在历史上一直是一个神秘而强大的存在，被称为"谋圣"，在孙膑和庞涓之后，他又教出了两个名震天下的学生——张仪和苏秦。张仪是魏国贵族的后代，苏秦是洛阳人，家里以务农为生，两人都在鬼谷子那里学习纵横之术。

《史记·张仪列传》："张仪者，魏人也。始尝与苏秦俱事鬼谷先生学术，苏秦自以不及张仪。"

> **鬼谷子明星经济公司董事处**

《史记·苏秦列传》："去游燕，岁余而后得见。说燕文侯……于是资苏秦车马金帛以至赵……赵王……乃饰车百乘，黄金千溢，白璧百双，锦绣千纯，以约诸侯。"

　　苏秦出来混社会比较早，一开始他去秦国找工作，可是秦惠王不用他，他只好回家继续研究兵法。后来辗转去了燕国，在燕国待了一年多，终于得到了燕文侯的接见。燕文侯送给他很多车马、钱财和布匹，让他去赵国。到了赵国，赵肃侯对苏秦也很好，给了他很多好东西，包括马车、黄金、宝石和丝绸。赵肃侯希望他能用这些东西去联合其他国家的君主，一起做些大事。

此时秦国刚打赢魏国，打算再找其他国家打一打，苏秦担心自己还没说服其他四国，赵国就先被秦国揍了，那就没法玩了，于是他打算找个人去稳住秦国，让秦国先别打赵国。

找谁去好呢？苏秦想到了张仪，觉得这老同学挺靠谱的，于是他派了个小弟去找张仪，小弟跟张仪说："你的老同学苏秦在赵国发达了，你去投靠他就可以一起发达。"

于是张仪就屁颠屁颠地跑去找苏秦，苏秦却故意怠慢张仪，用下人的饭菜招待他，还用激将法，说特别难听的话来刺激张仪。张仪气炸了，他觉得苏秦太过分了，但又想其他诸侯国都不咋地，只有秦国能对付赵国，于是他就去了秦国。秦惠王觉得他有点儿本事，就把他留了下来。

《史记·张仪列传》："张仪之来也，自以为故人，求益，反见辱，怒，念诸侯莫可事，独秦能苦赵，乃遂入秦。"

这时，苏秦的小弟告诉张仪："其实苏秦是故意激怒你的，他觉得只有你能掌控秦国，一展抱负。你来秦国的路费还是他给的呢！"张仪一听，感叹自己不如苏秦聪明，并答应绝不让秦国攻打赵国。

于是苏秦和张仪，一个在赵国，一个在秦国，玩起了他们学来的纵横术。

什么是纵横术呢？纵横术全称叫"合纵连横"，比如从南到北的韩、魏、赵、燕联合起来结成纵向同盟，就叫"合纵"；从东到西的秦国、魏国、齐国联合起来的同盟，就叫"连横"。

苏秦一路说服了燕、赵、魏、韩、楚、齐国，让他们结成"合纵同盟"一起对付秦国，为此苏秦还成了六国的相国，身背六国的相印，那叫一个威风。

而张仪则不断游说其他六国退出合纵联盟，和秦国结成"连横同盟"，成功让楚怀王退出和齐国的合纵联盟，和秦国结成连横同盟。张仪因此先后担任秦国、魏国的相国，还拿到了楚的相印。

战国七雄就在苏秦和张仪的两张嘴之中不停地合纵、连横，分分合合。

05 屈原：一生为国，奈何领导不靠谱
（公元前340年—公元前278年）

　　苏秦和张仪靠着"纵横游说"之术，一会让战国七雄结成好兄弟一起吃肉，一会又让战国七雄分裂成仇人一起互砍，玩得不亦乐乎。当时的楚怀王就被张仪忽悠得一愣一愣的，连辅佐楚怀王的屈原看了都直摇头：这位老大有点儿不靠谱！

　　屈原约生于公元前340年，出生地是楚国丹阳秭（zǐ）归（今属湖北省宜昌市），是楚武王熊通之子屈瑕的后代，从小就受到良好的教育，拥有远大的理想。

战国"四有"好青年

周显王四十八年（公元前321年），秦军侵犯楚国，想要称霸天下，年轻的屈原就组织家乡的父老乡亲进行反击，用各种战术把秦军打得嗷嗷叫，跑回了老家，从此屈原声名大振。

后来楚怀王就把才华横溢的屈原招到自己的身边，让他成为自己的得力助手。

楚怀王对屈原的工作表现简直是赞不绝口。于是给他升任左徒，兼管内政外交大事。

《史记·屈原贾生列传》："为楚怀王左徒。博闻强识，明于治乱，娴于辞令。入则与王图议国事，以出号令；出则接遇宾客，应对诸侯。王甚任之。"

楚氏集团公司年终表彰大会

小屈同志你业绩干得不错，给你个年终奖红包，拿去存起来买房吧。

是……

楚怀王

屈原

屈原有了大权，就决定和楚怀王一起搞改革，简单说就是革除楚国一直以来在内政上的各种弊端，把经济和军队实力搞上去，把有才能的人找出来给国家办事，削弱旧贵族的权力。

同在朝廷共事的官员上官大夫一直很嫉妒屈原的才能，就在楚怀王耳边说屈原的坏话。楚怀王信以为真，就疏远了屈原，免了他的左徒职位，让他做三闾大夫，后来把他流放到了汉北地区（今河南省南阳市西峡县、淅川县、内乡县一带）。屈原被流放后，在忧愤之中创作了《离骚》。

《史记·屈原贾生列传》："上官大夫与之同列，争宠而心害其能……因谗之……王怒而疏屈平。"

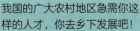

接着，楚国的倒霉日子随之开始了。先是楚怀王被张仪忽悠，傻傻地退出了和齐国的合纵联盟，导致楚国两次被秦军打得满地找牙，失去了汉中郡的土地。楚怀王不服，于公元前312年主动反击秦国，但是再次被秦军在陕西蓝田击败。

经历过几次失败后，楚怀王又起用屈原，但也只是让他出使齐国，目的是让齐楚两国缔结新的联盟，而朝廷中依然是小人当道，楚国实力压根没有增强。

《史记·屈原贾生列传》："怀王怒，大兴师伐秦。秦发兵击之，大破楚师于丹、淅……遂取楚之汉中地。怀王乃悉发国中兵以深入击秦，战于蓝田。"

秦国假意与楚国和谈，邀请楚怀王会面。屈原极力劝阻，但是楚怀王执意要去，结果一去就被秦军俘虏，后来死于秦国。从此楚国就衰落了。屈原也遭到小人陷害，被流放，他在流放途中创作了许多忧国忧民之作。公元前278年，秦国攻占了楚国都城。屈原听到这个消息后，心中充满了无尽的悲痛与绝望，在五月初五那天投江殉国。后来这天成为端午节，是百姓纪念屈原的日子。

《史记·屈原贾生列传》："于是怀石，遂自投汨罗以死。"

06 田地：本可一统天下，可惜太嚣张
（公元前302年—公元前284年）

与楚国国破同时期的其他诸侯国是什么情况呢？

咱们先看看齐国。齐国是东边的大国，实力雄厚，离秦国又远，所以一直没啥大风大浪，小日子过得不错，不过后来齐湣王上台，情况就变得有点儿不太乐观了。

《史记·田敬仲完世家》："十九年，宣王卒，子湣王地立。"

齐湣王名叫田地，是战国时期齐国的第六任君主，齐宣王之子，于公元前300年正式即位。田地刚刚即位的时候，也是励精图治，重用有能力的堂兄孟尝君等人，使得齐国国力强盛。

田地有一颗称霸天下的雄心，在刚即位的时候，他就派出大将匡章联合魏国、韩国一起围攻楚国，最终在垂沙之战中大败楚国，占领了楚国大片领土，逼得楚国不得不叫齐国一声大哥。

《史记·田敬仲完世家》："齐与韩魏共攻秦，至函谷军焉。"

这一战让田地高兴坏了，于是他又盯上了江湖劲敌秦国，于公元前298年让大将匡章联合魏、韩联军一起围攻秦国，最终攻破了函谷关，迫使秦国割地求和。正在田地志得意满的时候，燕国居然趁着齐国国内空虚搞偷袭，齐军赶紧杀了个回马枪，把燕国揍得鼻青脸肿！

一连击败楚国、秦国和燕国，田地的内心开始膨胀，决定吞并邻居宋国，但是由于其他各国的阻挠，最终田地只是割取了宋国的几个城池后，就暂时退兵了。然而他觉得不过瘾，到了公元前289年，居然联合赵国一起揍了韩国一顿，把曾经的盟友得罪了。

公元前288年，秦昭襄王自立为帝，由于担心田地揍他，只敢自称西帝，而称田地为东帝。田地也不反对，乐呵呵地接受了这个称号。

《史记·田敬仲完世家》："三十六年，王为东帝，秦昭王为西帝。"

后来齐国、赵国、魏国为了争夺宋国这块肥肉而搞起了混战，最终齐国胜出，并于公元前286年灭了宋国。齐国也因此失去了诸侯国的支持。大家都觉得田地太不低调了，怎么可以动大家都看中的肥肉呢！大家巴不得联合起来一起攻打齐国。

《史记·田敬仲完世家》："燕、秦、楚、三晋合谋，各出锐师以伐，败我济西。王解而却。燕将乐毅遂入临淄，尽取齐之宝藏器。湣王出亡，之卫。"

这时燕国趁机联络秦、赵、韩去攻打齐国，魏国也趁机加入进来。田地再厉害也经不住以一敌五，最后齐国被按在地上摩擦，连首都临淄都被攻了下来。

这时候田地有点儿慌了，赶紧开溜，先后逃到卫国、鲁国和邹国。但是，他到了别人家里依旧不知收敛，摆出一副老子天下第一的样子，让别国国君亲自给他做饭吃，于是又被赶走了。

后来，楚国的将军淖（nào）齿以救援的名义，趁田地毫无防备的时候抓住了他，并用恐怖的刑罚结束了他的一生——剥皮抽筋，让他活活疼死。

至此，本来有可能代替秦始皇一统天下的田地，因为狂妄自大而退出了历史舞台。

《史记·田敬仲完世家》："湣王去，走邹、鲁，有骄色，邹、鲁君弗内，遂走莒。楚使淖齿将兵救齐，因相齐湣王。淖齿遂杀湣王而与燕共分齐之侵地卤器。"

07 田单复国：一个城管队员的高光时刻

（公元前284年—公元前279年）

齐湣王田地一路作死，把一手好牌打得稀巴烂，连自己小命也搭了进去，最无辜的就是齐国的老百姓，直接面临着成为亡国奴的风险，齐国真的要亡国了吗？

此时的齐国已经到了灭国的边缘，就剩两座城池没有被攻破，一个是莒（今山东省日照市莒县），一个是即墨（今山东省青岛市即墨区）。其实齐国还是有很多人才的，他们心中对故土的情怀在这个时候发挥了巨大作用，比如田地的远房亲戚田单就打算让齐国咸鱼翻身！

《史记·田单列传》："田单者，齐诸田疏属也。湣王时，单为临淄市掾（yuàn），不见知。"

我来给你翻身咯！

我是齐国咸鱼

田单是临淄人，职业是一名城管，没事就抓点乱摆摊的，一直没啥存在感。在齐国被打得鬼哭狼嚎的时候，田单在兵荒马乱中带着全家老小和族人一起逃到了即墨。

燕国的军队猛攻即墨城。不久，守城的将领就光荣殉国了。这时，田单站了出来，说："我来带领大家守城！"

《史记·田单列传》："燕引兵东围即墨，即墨大夫出与战，败死。城中相与推田单……立以为将军，以即墨拒燕。"

田单做了即墨的守城将军，决定先把围城的燕国名将乐毅除掉，他派人到燕国散布谣言，说乐毅老是攻不下即墨，其实是故意赖在齐国不走，意图在齐国称王！这种幼稚的谣言本来也没人信，但燕惠王居然信了，就把乐毅换走了。乐毅担心燕惠王害他，直接逃到了赵国。

燕国将士看见老大被换走了，都很气愤，没啥心思打仗了。新来的燕军将领是骑劫，是个狠人，他不但割掉了齐军俘虏的鼻子，还挖了城外齐国人的祖坟！

> 《史记·田单列传》："惠王立，与乐毅有隙。田单闻之，乃纵反间于燕……燕王以为然，使骑劫代乐毅。"

齐国人看见骑劫用这么卑鄙的手法，都很气愤，恨不得马上出城跟敌军玩命。这时田单故意派一些老弱病残守城，燕军看见城头的老弱病残，以为齐军没啥战斗力，就放松了警惕。田单又派一帮人假扮富豪出城投降贿赂燕军，说即墨城很快就会投降的，希望到时候保全一家老小的性命。燕军将士已经围困即墨城三年多，老早就想回家了，现在听富豪们这么一说，感觉即墨城内人心涣散，很快就可以轻松攻破了，于是都懈怠了。

贿赂之水

好爽，很快就可以回家了！

燕军

田单

至此，田单认为反击的时机成熟了，便让大家连夜在一千头牛的角上绑上刀子，然后点燃牛尾巴的稻草，让牛疯狂地冲入燕军阵地。燕军此时正在休息，看见怪兽一样的火牛冲过来，吓得到处乱窜。齐军趁机很快就把燕军击溃了，还杀了燕军大将骑劫。

其他地区的齐国人听说田单胜利的消息，瞬间热血澎湃，配合田单收复了七十几座城池，把敌军赶出了齐国国境！至此，齐国得以复国，田单被田地的儿子齐襄王封为安平君。

田单复国功臣颁奖仪式

各位爱卿，看这里，说茄子！

牛老大，你的尾巴没事吧？

闭嘴，不许再提尾巴的事！

齐襄王

田单

安平君

一等功臣

08 范雎入秦：老板，一统天下只需两张牌！

（公元前283年—公元前259年）

　　齐国复国后，魏国慌了，因为魏国曾跟着燕国去打齐国。魏王很担心齐国报复，于是派中大夫须贾去齐国讲和。须贾带了个小弟，名叫范雎，是魏国芮城（今山西省运城市芮城县）人。

　　范雎和须贾到了齐国后，须贾被齐襄王臭骂一顿，范雎赶紧解围。齐襄王看范雎谈吐不凡，是个人才，就想留他给自己打工，但被范雎拒绝了。没想到须贾因此嫉妒上了范雎，回到魏国后直接向领导污蔑范雎有通敌之嫌，把范雎打了个半死。

《史记·范雎蔡泽列传》："齐襄王闻雎辩口，乃使人赐雎金十斤及牛酒，雎辞谢不敢受。须贾知之，大怒……以告魏相。魏相……大怒，使舍人笞击雎，折胁摺齿。"

123

　　范雎装死逃过一劫，在友人的帮助下逃到了秦国，而后凭借自己出众的才华说得秦昭襄王心花怒放。秦昭襄王问范雎："你说我怎么才能称霸天下呢？"

　　范雎说："简单，你照我说的做，保准天下手到擒来！"于是范雎向秦昭襄王出了两张牌。第一张牌是加强王权：整个秦国只能你一个人说了算！

　　这张牌真是直接出进秦昭襄王心里去了，因为他早就想这么干了！

《史记·范雎列传》："臣闻善治国者，乃内固其威而外重其权。穰侯使者操王之重，决制于诸侯，剖符于天下，政适伐国，莫敢不听。"

此时的秦国，并不是秦昭襄王一个人说了算，还有宣太后、宣太后的两个弟弟以及自己的两个弟弟在指手画脚，秦昭襄王想干点啥都要被他们制约，完全放不开手做事。

现在范雎说要加强王权，秦昭襄王很激动，于是就想办法废了宣太后，然后把宣太后的两个弟弟和自己的两个弟弟赶出了函谷关，彻底收回了他们的权力。

《史记·范雎列传》："昭王闻之大惧，曰：'善。'于是废太后，逐穰（ráng）侯、高陵、华阳、泾阳君于关外。"

送你们离开，千里之外！

秦昭襄王

宣太后弟弟及秦昭襄王弟弟

干完这些事，秦昭襄王问范雎："老范，第二张牌是啥？你快说！"

范雎说："第二张牌就是'远交近攻'策略。简单地说秦国想要一统江湖，就得先攻打近处的国家，比如魏国、韩国、赵国，一次打不死就打两次！对于远处的国家比如齐国、燕国，就要多多结交，一次忽悠不成就忽悠两次，千万不能越过近的国家先去攻打远的国家。"

秦昭襄王觉得范雎的想法十分有创意又十分切合实际，于是就封范雎为宰相，还给了他一块封地。范雎从一个差点被人随意打死的门客走上了人生巅峰，对秦昭襄王感激涕零。

《史记·范雎列传》："王不如远交而近攻，得寸则王之寸也，得尺亦王之尺也。"

之后，秦国稳步实行"远交近攻"策略，先是和远处的齐国、燕国交好，然后进攻近处的国家，派兵攻打魏国，拿下了怀邑。两年后，又夺取了邢丘，之后就向韩国出兵，先后攻占了大小城邑几十座。由于事先搞好了关系，齐国、燕国得知韩国、魏国被秦国按在地上摩擦的时候，压根就当不知道，于是秦国得以一步步蚕食天下。

范雎的"远交近攻"策略后来成为秦国兼并六国的战略基础。

《史记·秦本纪》："四十一年夏，攻魏，取邢丘、怀。"

09 赵括纸上谈兵：理论派与实战派的对决
（公元前262年—公元前260年）

三晋中的魏国、韩国被秦国压制得死死的，赵国也没能幸免于难。

公元前262年，秦昭襄王派名将白起攻打韩国的野王。野王投降秦国，导致韩国的上党郡（今山西省长治市）和韩国的联络中断，上党郡太守冯亭只能带着上党郡投降赵国。赵国就在长平（今山西省高平市西北）屯兵，准备接收上党郡并防备秦军。秦军势如猛虎，肯定不会放过准备吃到嘴里的上党郡，于是在公元前260年大举北进，准备和赵国干架。

《史记·赵世家》："韩氏上党守冯亭使者至，曰：'韩不能守上党，入之于秦。其吏民皆安为赵，不欲为秦。有城市邑十七，愿再拜入之赵，财王所以赐吏民。'王大喜……赵遂发兵取上党。"

秦军一路北进到了长平这个地方，和赵军对峙。赵国老将廉颇坚守壁垒，不轻易出战，和秦军一对峙就是两三年。秦军感觉这样耗下去没搞头，于是就用反间计，让赵国用赵括替换稳重的廉颇。

《史记·廉颇蔺相如列传》："赵括自少时学兵法，言兵事，以天下莫能当。尝与其父奢言兵事，奢不能难，然不谓善。"

赵括是赵国名将赵奢之子，从小熟读兵书，但是没啥实战经验。在赵括出征前，赵孝成王送了很多金银珠宝给他，对他说："你要好好打，打赢了还有重赏哟！"赵括说："放心吧！"

赵括的母亲听说赵孝成王要用赵括做主帅，赶紧亲自跑去劝赵孝成王，说赵括只会纸上谈兵，跟他爹比压根不是一个档次，如果用他，赵国必败无疑啊！

赵孝成王说："我心意已决，要多给年轻人机会嘛！"

赵括的母亲看劝不动赵孝成王，就问："要是赵括战败了，我能不受牵连吗？"赵孝成王说："没问题！"接着蔺相如也去劝赵孝成王，成王还是不为所动，坚持自己的看法。

《史记·廉颇蔺相如列传》："及括将行，其母上书言于王曰：'括不可使将。……王所赐金帛，归藏于家，而日视便利田宅可买者买之……愿王勿遣。'"

很快赵括就雄赳赳气昂昂地来到长平战场，替换走了老将廉颇。

秦国宰相范雎听到这个消息后高兴坏了，急忙让白起带队，并且警告秦军出战前千万不能让赵括知道对手是白起，谁泄露消息就砍了谁！

而赵括替换廉颇之后，调换了不同将领的位置，又改变了军队制度，搞得军心上下浮动，还让大家都向东朝见他，一个劲地摆威风！

《史记·廉颇蔺相如列传》："赵括既代廉颇，悉更约束，易置军吏。"

各位，我今早醒来灵光一闪……

赵括

停！又是要我们调换位置对不对？都第五次了！

赵国将领

搞完准备活动后，赵括意气风发地主动出击，带着军队就朝秦军呼啦啦扑过去。

《史记·赵世家》："秦人围赵括，赵括以军降，卒四十余万皆坑之。"

可是赵括不知道秦军的主帅已经换成了重量级对手白起。白起看着赵括冲过来，"嘿嘿"一笑，假装很害怕地逃跑。赵括赶紧猛追过去，一下进入了白起的埋伏圈，赵括这才猛然醒悟自己中计了！就这样，秦军将赵军包围了四十九天，最后赵括在突围中被乱箭射死。赵国至此完败，四十几万士兵全被秦军坑杀，惨不忍睹。

你的对手赵括呢?

已经被我碾轧成渣渣了,就剩了本兵书,你要看吗?

记者

白起

兵法理论

10 信陵君窃符救赵

（公元前260年—公元前257年）

长平之战胜利后,白起亲率大军攻打赵国首都邯郸,想一举灭亡赵国。赵国和其邻居韩国都很害怕,于是两国就让苏秦的堂弟苏代拿着厚礼去游说范雎。范雎担心白起攻下邯郸后会比自己的功劳大,就劝秦昭襄王接受了赵、韩两国割地求和的请求。

但是赵国后来一合计,觉得这买卖好像有点亏,不想割地,于是就联合其他诸侯国一起对抗秦国。秦国被耍了一顿,瞬间怒了,立即于公元前259年10月再次围攻赵国首都邯郸。

《史记·魏公子列传》:"魏安釐（xī）王二十年,秦昭王已破赵长平军,又进兵围邯郸。"

眼看赵国就要被秦国灭了，赵国急忙派人向魏国和楚国求援。

楚国决定出兵十万救赵。魏王也派将军晋鄙率领十万军队援救赵国。秦昭襄王听闻后吼道："谁敢救赵国我就打死谁！"

魏王一听立马尿了，觉得还是小命比义气重要，急忙派人让晋鄙停止前进，把军队驻扎在邺城（今河北省临漳县以及河南安阳市北郊），名义上是救赵，实际上是两面讨好，谁也不得罪，就这么看着赵国和秦国互砍。

《史记·魏公子列传》："魏王使将军晋鄙将十万众救赵……魏王恐，使人止晋鄙，留军壁邺，名为救赵，实持两端以观望。"

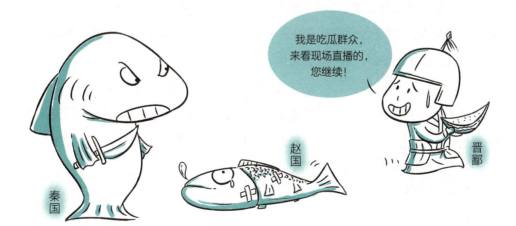

赵国的使臣看魏王不救赵，就来求魏王的弟弟信陵君魏无忌。

魏无忌品德高尚，是个很讲义气的人，他深知唇亡齿寒的道理，明白赵国要是完蛋了，魏国迟早也会跟着完蛋。于是魏无忌就多次劝魏王救赵，同时让自己的门客和辩士搞头脑风暴，想出各种理由劝说魏王。但魏王还是不救，魏无忌不想眼睁睁看着赵国灭亡后魏国挨揍，只好亲自带领自己手下一群小弟跑去救赵国了。

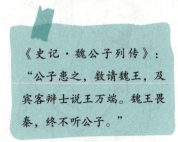

《史记·魏公子列传》："公子患之，数请魏王，及宾客辩士说王万端。魏王畏秦，终不听公子。"

当魏无忌的车马经过夷门的时候，遇见了一个叫侯生的隐士，魏无忌曾经很善待他。侯生告诉魏无忌："明的来不了，就来暗的呗！"魏无忌问："怎么个暗法？"侯生说："魏王的兵符放在卧室里，他宠爱的如姬能拿到。你曾经帮如姬报杀父之仇，如果求如姬，她一定肯帮忙。"

魏无忌恍然大悟，急忙去求如姬帮忙。如姬果然偷出兵符交给魏无忌。侯生又让自己的朋友朱亥陪魏无忌去拿晋鄙的兵权，并告诉朱亥，如果晋鄙不交兵权，就砍了他。

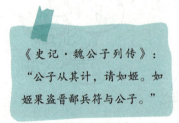

《史记·魏公子列传》："公子从其计，请如姬。如姬果盗晋鄙兵符与公子。"

于是魏无忌来到晋鄙的军营，拿出兵符让他交出兵权。晋鄙也不傻，感觉魏无忌这出戏好像不太正常，坚决拒绝交出兵权。这时魏无忌旁边的朱亥二话不说，抢起大锤子狠狠地砸了晋鄙一下，晋鄙瞬间便没了气息。

魏无忌统率了晋鄙的军队，赶去救赵国。在魏军和楚军的救援下，秦军从赵国退兵了。

事后魏王很恼恨魏无忌偷了兵符。魏无忌索性和小弟们留在了赵国过小日子。

《史记·魏公子列传》："朱亥袖四十斤铁椎，椎杀晋鄙，公子遂将晋鄙军。"

11 荆轲刺秦：中国历史差点大转弯

（公元前229年—公元前227年）

　　在邯郸之战中，信陵君魏无忌偷了兵符和楚军一起救了赵国，赵国此后能否安然无恙呢？

　　秦国表示这是不可能的，等恢复了元气定会回来找赵国算账！

　　秦国可不是随便说说，因为二十七年后，秦国不但灭了韩国，还一路猛进再次围攻赵国首都邯郸，很快就把赵国给灭了，还俘虏了赵王，真是说到做到！为啥这一次秦军这么顺利呢？因为秦国换了个带头大哥，这个人叫嬴政。

《史记·刺客列传》："秦将王翦破赵，虏赵王，尽收入其地，进兵北略地至燕南界。太子丹恐惧。"

《史记·刺客列传》："其后秦日出兵山东以伐齐、楚、三晋，稍蚕食诸侯，且至于燕，燕君臣皆恐祸之至。太子丹患之……荆轲遂见太子……"

　　嬴政生于公元前259年，嬴姓，赵氏，名政，于公元前247年继承王位。嬴政灭了赵国后，觉得不过瘾，又瞄准了赵国隔壁的燕国。其实燕国的太子丹早就料定秦国会对燕国下手，他想了很多求生方案，后来决定让刺客荆轲去刺杀秦王嬴政。

　　荆轲是战国末期卫国朝歌（今河南省鹤壁市淇县）人，据说本是齐国庆氏的后裔，喜欢读书击剑，武功高强，为人慷慨仗义，是典型的江湖豪侠。

于是太子丹就去找荆轲帮忙，荆轲说："我需要樊於（wū）期将军的头颅献给秦王做信物才行。"

樊於期原本是秦国的大将，因为打了败仗逃到燕国，秦王就悬赏捉拿他，还杀了他全家，他对秦王恨之入骨。荆轲就亲自去找樊於期，说："我现在有机会帮你报仇，你要不要试试？"

樊於期激动地说："要要要！死都要！"

荆轲就告诉了他计划。樊於期听完后二话不说，拿起刀就抹了自己脖子，实在是忠肝义胆。

《史记·刺客列传》："樊於期偏袒扼腕而进曰：'此臣之日夜切齿腐心也，乃今得闻教！'遂自刭。太子闻之，驰往，伏尸而哭，极哀。"

于是，荆轲拿着樊於期的头颅和一份燕国地图去秦国找嬴政了。嬴政听说荆轲前来，很高兴，在咸阳宫以隆重的外交仪式接见他。

《史记·刺客列传》："轲既取图奏之，秦王发图，图穷而匕首见。因左手把秦王之袖，而右手持匕首揕（zhèn）之。未至身，秦王惊，自引而起，袖绝。"

荆轲笑呵呵地献上樊於期的头颅和燕国地图，在嬴政面前慢慢地把地图摊开，就在地图快摊开完毕的时候，荆轲突然从地图里抽出一把匕首朝嬴政刺去。

嬴政倒是反应快，估计是个练家子，大叫一声就躲开了。这时全场人都惊呼，场面瞬间乱作一团。

嬴政躲开后就在大殿里四处乱跑，荆轲就追着他乱砍，两人展开了一场"追逐战"。事情来得太突然，大臣们都不知所措，周围又没有禁卫军，嬴政的生死就在一瞬间。这时，嬴政想拔自己身上的佩剑，可是佩剑太长拔不出来，有个大臣就说："大王快把剑背到背上！"

《史记·刺客列传》："秦王方环柱走，卒惶急，不知所为，左右乃曰：'王负剑！'负剑，遂拔以击荆轲，断其左股……秦王复击轲，轲被八创。"

赢政一听，赶紧把剑背到背上，然后猛地拔出来，一剑砍断了荆轲的大腿，荆轲就倒了下去，一边的侍卫顺势把他刺死了。至此，荆轲刺秦宣告失败，否则中国历史将改写。

12 秦王扫六合：好大一桶（统）江山
（公元前227年—公元前221年）

荆轲刺秦失败，赢政也被吓了个半死，但是这也激发了赢政更大的斗志，坚定了他灭掉六国一统天下的雄心。在荆轲刺杀事件平息下来后，赢政立即派出大将王翦和辛胜找燕国算账，燕国慌得不行，抵抗一阵后就被秦军在易水以西击败。公元前226年，秦军攻下了燕国首都蓟城（今北京），燕王只能带着全家老小逃到了辽东地区。秦军赶紧追杀过去，燕王没办法，只能把荆轲刺秦的幕后推手太子丹给杀了，把首级献给赢政以求和。

《史记·秦始皇本纪》："秦王觉之，体解轲以徇，而使王翦、辛胜攻燕。燕、代发兵击秦军，秦军破燕易水之西。二十一年……取燕蓟城，得太子丹之首。"

此时六国中的韩国、赵国已经被灭（赵国只剩下逃亡的代王），燕国也逃到了辽东，都不成气候，于是嬴政决定掉头拿下魏国和楚国再说。当年信陵君魏无忌"窃符救赵"后留在了赵国，后来又回到了魏国。魏无忌名满天下，曾在嬴政即位那年联合五国狠揍了一回秦军，可是几年后魏无忌就去世了，魏国再无能干的将领，秦军便连年蚕食魏国。到公元前226年，秦军逼燕国逃到辽东的时候，魏国只剩下国都大梁以及附近的一些小城了。

138

公元前225年，嬴政派大将王贲（bēn）进攻魏国。王贲引黄河水和鸿沟之水冲击魏国国都大梁城，三个月后，城塌了，魏王只能乖乖出城投降，至此魏国彻底玩完。

《史记·秦始皇本纪》："二十二年，王贲攻魏，引河沟灌大梁，大梁城坏，其王请降，尽取其地。"

灭了魏国就要灭楚国了！嬴政任用年少的李信攻打楚国。嬴政问李信需要多少人马，李信果然很自信，说只要二十万！于是嬴政就给了李信二十万人马，李信就和蒙恬带着二十万人马呼啦啦杀向楚国，结果被楚国按在地上猛揍。

魏王

这是我的战利品。靓仔，你的战利品呢？

王贲

我说我差点成了战利品，你信吗？

李信

嬴政听闻李信战败，急忙起用老将军王翦出马。王翦是灭魏大将王贲的老爹，这回他带了六十万人马出击。王翦到了楚国国境后，命人修造营垒，修好后就窝在营垒里耗着，坚决不出战。楚王急了，心想你来了又不打仗，你到底想干吗？

楚王干脆催促大将项燕主动出击，结果项燕惨败。公元前223年，秦军趁势攻取楚国首都寿春（今安徽省淮南市寿县），楚王被活捉，一年后，王翦攻下楚国在江南的地盘，至此楚国灭亡。

《史记·秦始皇本纪》："二十四年，王翦、蒙武攻荆，破荆军，昌平君死，项燕遂自杀。"

灭了楚国后，嬴政立马灭了辽东的燕国残余势力和龟缩在河北代地（今河北省蔚县一带）的赵国残余势力，至此，六国中只剩下齐国没有消灭。秦国一直贿赂齐国的相国后胜多年，后胜天天劝齐王投降，搞得全国上下没有任何斗志。

到了公元前221年，秦国大将王贲从燕国南下进攻齐国，不费吹灰之力，齐王就投降了。

至此，秦统一中国，嬴政成了真正的江湖霸主。

《史记·秦始皇本纪》："二十六年，齐王建与其相后胜发兵守其西界，不通秦。秦使将军王贲从燕南攻齐，得齐王建。"

第五篇
秦汉时期
（公元前221年—公元220年）

01 秦始皇：要做就做第一个

（公元前221年—公元前210年）

秦灭六国，于公元前221年完成统一大业，秦朝建立，以咸阳为都城，战国时代终于结束了！

嬴政一统江湖后，第一步就是要给自己取个响亮的名号，叫啥好呢？取一个"皇"，再加一个远古的"帝"，就叫"皇帝"，寓意"德兼三皇，功盖五帝"，岂不是非常霸气？前面再加个"始"字，表明自己是中国历史上前无古人的第一位皇帝，后面的人再厉害也只能玩玩抄袭！

《史记·秦始皇本纪》："朕为始皇帝。后世以计数，二世三世至于万世，传之无穷。"

皇帝名号的版权费、专利费、创意附加费，麻烦你们付一下。

秦始皇

能不能打个折啊？

后世皇帝们

有了名号，第二步就要来点儿实在的：治天下。怎么治呢？

秦始皇先设置三公九卿，也就是十二个固定的官职来帮自己管理天下，这样自己就可以没事喝喝小酒、唱唱小曲了。

另外就是取消分封制，用郡县制代替。简单地说就是把全国分为若干个郡，郡又分成若干个县，县又分为若干个乡，全都交给中央任命的地方官来管理，干不好就下岗。

《史记·秦始皇本纪》："分天下以为三十六郡，郡置守、尉、监。"

以前诸侯国都是各玩各的，文字、钱币、度量标准全都不同，交流起来十分不便。秦始皇是一个致力于巩固统一的人，他下令废除各国货币，以秦国的圆形方孔半两钱作为标准货币，同时制定笔画规整的小篆作为通用文字颁行全国，又规定以秦制为基础，统一度量衡制度，所有度量衡用器由国家统一监制，他还让人修了灵渠，解决了南北交通问题。

《史记·秦始皇本纪》："一法度衡石丈尺。车同轨。书同文字。"

这样一来，百姓心往一处想，劲往一处使，团结得不得了。

搞完内部团结之后，秦始皇觉得跟外部也可以"团结"一下。他把目标瞄向了南方的百越（古代生活在浙、闽、粤、桂等地越族各部落的统称）和北方的匈奴。他先发五十万兵马攻打百越，于公元前214年统一了岭南。

《史记·秦始皇本纪》："三十三年，发诸尝逋（bū）亡人、赘婿、贾人略取陆梁地，为桂林、象郡、南海，以适遣戍。西北斥逐匈奴。自榆中并河以东，属之阴山，以为四十四县，城河上为塞。又使蒙恬渡河取高阙、阳山、北假中，筑亭障以逐戎人。"

匈奴是个战斗民族，不太好对付，所以秦始皇不打算跟他们长期对峙，于是派蒙恬率领三十万大军教训一下，收复了河套地区。为了防止匈奴南下，又在边境筑起长城。就这样，历史上最雄伟的工程开始了。

作为历史上第一个大一统的封建皇帝，秦始皇是个非常有争议的人。他统一六国，结束了战国纷争，开创了中央集权的封建制度，推行了统一度量衡和文字。同时，他为了统一思想，焚毁书籍、坑杀儒生，并通过严厉的刑罚维护统治。

他还发兵四处寻仙问药，企图向天再借五百年，让自己的统治千秋万代。但是没想到他在外出巡游时一病不起，死掉了。果然在死亡面前人人平等啊！

《资治通鉴·秦纪二》："及始皇至海上，诸方士齐人徐市等争上书言之……于是遣徐市发童男女数千人入海求之。"

02 大泽乡起义：一起给大秦帝国挖坟吧！

（公元前210年—公元前209年）

秦始皇驾崩后，守在他遗体旁边的只有丞相李斯、宦官赵高和几个侍从。他们会怎么做呢？

按正常流程，他们应该痛哭流涕，然后遵照始皇帝的遗命让太子扶苏登上帝位，但是赵高非常不乐意。因为他和太子扶苏玩不到一块儿，十分担心扶苏上台后把他给砍了。

于是他劝说李斯，和李斯一起篡改了始皇帝的遗嘱，命令扶苏自杀，然后改立扶苏的弟弟胡亥为皇帝。一件惊天密案就这样被他们干成了！

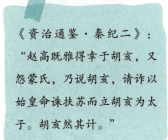

《资治通鉴·秦纪二》：
"赵高既雅得幸于胡亥，又怨蒙氏，乃说胡亥，请诈以始皇命诛扶苏而立胡亥为太子。胡亥然其计。"

李斯

赵高

胡亥害怕篡改诏书的事情败露，于是在赵高的帮助下杀了秦始皇的十二个儿子、十个公主，以及很多不服的大臣！

《史记·李斯列传》："杀大臣蒙毅等，公子十二人僇（lù）死咸阳市，十公主磔（zhé）死于杜，财物入于县官，相连坐者不可胜数。"

虽然胡亥登上皇位的过程很不光彩，但是如果他能兢兢业业地治国，大家还是会忍他的，但他偏要做个折腾天下的熊皇帝！胡亥大量征集民工继续修阿房宫、筑长城、守岭南、修陵墓，这些人加起来有两百多万，比他爹还狠，真是熊出了境界。

胡亥

公元前209年，阳城（今河南省郑州市登封市告成镇王城岗）的九百多名农民工被押送去戍守渔阳（今北京密云西南），有两个年轻人夹在其中，他们叫陈胜和吴广。

他们到了大泽乡（今安徽省宿州市东南）正赶上下大雨，没法走，当时，戍守误了日期，是要被处死的。

陈胜从小就有创业志向，不想做一个没完成梦想就死掉的人，于是他拉吴广商量创业。吴广表示一万个同意。随后他们杀了两个军官，带着其他人扛起了"造反"的大旗，风风火火地要给大秦帝国挖坟墓。

大泽乡一带的老百姓仇恨秦国多年，听说陈胜吴广要给大秦帝国挖坟，便纷纷拿着锄头镰刀加入了他们的队伍。

不久，起义军就攻下了陈县（今河南省周口市淮阳区）。陈县的父老乡亲看起义军不抢东西，也不伤害老百姓，都很感激，就请陈胜做楚王。陈胜顺应民意称了王，定国号为"张楚"。此后，起义军的队伍不断壮大，各地也纷纷响应，大家都希望秦帝国的坟墓挖得快一些。

虽然起义军挖坟挖得很快，但是他们不善于挖人心，压根不知道谁心里藏着小九九。等到起义军占领大部分地方后，曾经的六国贵族全都暴露了野心，他们各自占据地盘，自立为王，根本不听陈胜吴广的号令，企图一夜回到战国时代。

《史记·陈涉世家》："腊月，陈王之汝阴，还至下城父，其御庄贾杀以降秦。"

此时，秦军也大肆反扑，陈胜和吴广不断失利。后因失去援军，吴广兵败，被秦军大将章邯砍了头，接着陈胜也被叛徒杀死了。陈胜吴广起义是中国历史上第一次大规模农民武装反抗封建统治的起义，具有划时代的意义。

03 项羽：继续把埋葬秦帝国的事业做大做强
（公元前208年—公元前207年）

陈胜和吴广成了失败的英雄，起义的大旗就此倒下了吗？

当然没有，反而越来越多的人玩起了起义的接力赛，继续给大秦帝国挖坟墓，其中就有楚国人项梁，以及他的侄子项羽。

项梁人狠话不多，紧跟大秦帝国挖坟的时代潮流，让项羽杀了会稽郡太守，占领了会稽郡，然后拉起了一支八千人的队伍，准备去把大秦帝国彻底埋了。

《史记·项羽本纪》："梁乃召故所知豪吏，谕以所为起大事，遂举吴中兵，使人收下县，得精兵八千人……梁为会稽守，籍为裨将，徇下县。"

项梁、项羽叔侄二人很快就打下了广陵（今江苏省扬州市），接着渡过淮河。这时有个叫刘邦的小亭长看他们挺有搞头，就带着一帮小弟来入伙。

刘邦原本没想过造反，毕竟家里还有老婆孩子呢。可是有一次他押着一帮农民工去骊山做苦力，走到半路，人就逃跑得所剩无几了，他干脆就把剩下的人都放了。这些人看刘邦这么讲义气，就喊他做老大。刘邦估摸着回去也是死，于是就拉起了这支起义小分队。

《史记·高祖本纪》："自度比至皆亡之，到丰西泽中，止饮，夜乃解纵所送徒。曰：'公等皆去，吾亦从此逝矣！'徒中壮士愿从者十余人。"

除了刘邦外，其他各路江湖好汉也都纷纷前来投靠项梁，但是队伍大了人就不好带了。项梁便大力整顿部队，并把流落民间的楚怀王的孙子找来，立为楚王。

有组织、有纪律、有头领，队伍就像样多了。项梁因此接连打了几个大胜仗，把秦国大将章邯打得抬不起头来。这让项梁有点儿飘飘然，竟没想到章邯会偷偷调兵，趁着夜色搞突然袭击。项梁仓促应战，最后兵败身死。

《史记·项羽本纪》："於是项梁然其言，乃求楚怀王孙心民间，为人牧羊。立以为楚怀王，从民所望也。"

项梁一死，做侄子的项羽无论如何也要报这个仇。可是怎么报呢？

此时楚怀王派刘邦去攻打咸阳，派宋义和项羽去攻打章邯，宋义为上将军，项羽为副将。

队伍到了前线，宋义一连四十多天按兵不动。项羽报仇心切，一怒之下把宋义砍了，然后让队伍把锅砸了，把船毁了，要和秦军决一死战。"破釜沉舟"一词就是这么来的。

《史记·项羽本纪》："项羽乃悉引兵渡河，皆沉船，破釜甑（zèng）……与秦军遇，九战，绝其甬道，大破之……项羽悉引兵击秦军污水上，大破之。"

不要命的队伍打起仗来就是猛，很快项羽的队伍就把秦军打得七零八落，章邯也夹着尾巴逃跑了。

项羽想要追杀章邯，但是谋士范增拦住了他，说："用不着我们动手，等着瞧吧！"果然不出范增所料，赵高一听说章邯打了败仗，就跟胡亥说要把章邯关小黑屋。

《史记·项羽本纪》："已盟，章邯见项羽而流涕，为言赵高。项羽乃立章邯为雍王，置楚军中。使长史欣为上将军，将秦军为前行。"

章邯一听，心里拔凉拔凉的，在司马欣的劝说下直接带着队伍向项羽投降。项羽倒也大气，不仅没计较他杀了自己的叔父，还封他为雍王，然后带着他一起向西杀去，准备给大秦帝国的坟头添上最后一把土。

04 刘邦约法三章：咱钓的就是你的心
（公元前207年）

　　章邯投降项羽，使整个秦王宫都震惊了。此时秦廷实际掌权者赵高为掩盖败局，竟封锁了消息。此后，各路诸侯逼近咸阳，赵高觉得这回是真的没法儿陪胡亥玩下去了，于是与人合谋杀了胡亥，改立子婴做秦王。

　　子婴可不傻，他知道赵高这厮不是什么好东西，于是一面借口生病不出门，一面暗中计划，终于有一天，趁着赵高放松警惕，直接把他解决了。

《史记·秦始皇本纪》："赵高乃悉召诸大臣公子，告以诛二世之状……立二世之兄子公子婴为秦王。"

项羽听说咸阳内乱，就想加快速度进军咸阳，可这时候他手里还有投降的二十多万秦兵呢！这么多人，要是突然反过来咬他一口，他岂不惨了？项羽虽然有点犯愁，但为了能尽早攻占咸阳，很快就下令把这二十万秦兵给活埋了！

而此时的刘邦则进军神速，很快就进入了武关，并且打到了霸上（今陕西省西安市）。彼时，刚被赵高拥立为秦王才四十多天的子婴为了保命，亲自带着大臣们到霸上向刘邦投降了。

《史记·李斯列传》："子婴立三月，沛公兵从武关入，至咸阳，群臣百官皆畔，不敌。子婴与妻子自系其颈以组，降轵（zhǐ）道旁。沛公因以属吏。"

项羽

刘邦

你长得帅穿得酷有啥用？我赢了！

咸阳

刘邦乐呵呵地接受了子婴的投降，然后带着队伍进入了咸阳城。

一进秦皇宫，刘邦瞬间被奢华迷了眼，躺到了龙床上，不愿离开。好在部下樊哙和张良还算清醒，直接进去劝刘邦快点儿回霸上去，免得被杀，毕竟外面还有项羽这种强敌盯着呢！

《史记·高祖本纪》："樊哙、张良谏，乃封秦重宝财物府库，还军霸上。"

刘邦还算明智，听樊哙和张良一点拨，立刻清醒过来，急忙退出秦王宫，回自己的地盘了。

随后，刘邦就召集咸阳的父老乡亲，跟他们说："从今天起，秦朝的法令一律废除。我跟你们约法三章，第一，杀人的偿命；第二，打伤人的治罪；第三，偷盗的治罪，治罪的轻重看犯罪的轻重而定。"

百姓们看刘邦挺有诚意，都很高兴，于是拿出好吃好喝的来招待他。刘邦也不贪图这些小便宜，坚决推辞不受，把百姓们感动得稀里哗啦的，都希望刘邦留在关中带领大家过太平日子。

《史记·高祖本纪》："召诸县父老豪杰曰：'父老苦秦苛法久矣……与父老约，法三章耳：杀人者死，伤人及盗抵罪。余悉除去秦法……'秦人大喜。争持牛羊酒食献飨（xiǎng）军士。"

虽然刘邦安抚老百姓很有一套，但这不能保证他在咸阳站稳脚跟，毕竟项羽的影响力远超过他。刘邦不甘心于此，希望自己这个龙套能变成主角。于是他派兵把守函谷关，不让诸侯的军队进来跟自己分肉吃。

项羽来到函谷关，却吃了闭门羹，顿时火冒三丈。他大手一挥，全军出击，不但打进了函谷关，还直接打到了新丰、鸿门一带（今陕西省西安市东北），然后就开会讨论给刘邦一个什么死法。

《史记·项羽本纪》："行略定秦地。函谷关有兵守关，不得入。又闻沛公已破咸阳，项羽大怒，使当阳君等击关。项羽遂入，至于戏西。"

等我做了全天下的主角，一定要给刘邦一百种死法！！

项羽

等我做了全天下的主角，一定要玩出一百种活法！

刘邦

05 楚霸王乌江自刎：都怪刘邦套路太深
（公元前207年—公元前202年）

刘邦听说项羽在鸿门开会讨论自己的死法，吓得不行，第二天一早就主动跑去请罪。

没想到刘邦凭借一番言辞恳切的解释，把项羽说得晕头转向，竟让项羽将此前众人连夜商议的对付刘邦的计划抛到了脑后。但是项羽的谋士范增可清醒着呢，他急忙暗示项庄舞剑，准备伺机杀掉刘邦。

好在刘邦福大命大，加上有樊哙等一帮人舍命保护，他这只快煮熟的鸭子就从项羽的锅里飞走了。

《史记·项羽本纪》："项庄拔剑起舞。项伯亦拔剑起舞，常以身翼蔽沛公，庄不得击。"

后来项羽进了咸阳，不仅大开杀戒，还烧了咸阳宫，行为跟土匪差不多，完全没有刘邦约法三章的精神。接着项羽就自称西楚霸王，分封十八路诸侯，同时把楚怀王捧为义帝，意思就是：我叫你一声皇帝，谅你也不敢答应，因为你只是个傀儡，我说杀就杀。

至于刘邦，项羽把他分配到了偏僻荒凉的山沟沟里当汉王，也就是汉中和巴蜀一带（今四川盆地及周边），跟充军发配没多大区别。刘邦心里那叫一个憋屈，但脸上还得堆着笑，毕竟项羽的刀就悬在自己脖子上呢。

在汉中当汉王的刘邦有点儿苦闷，因为他手下的小弟们都觉得在这山沟沟里生活太苦了，经常有人玩消失，最后连潜力股韩信也跑了。好在萧何玩命地把他追了回来。刘邦赶紧给了他一个大将军做。

韩信成了大将军后，体内的潜能全都爆发了出来，展现出惊人的军事才能。因为他只用了一招"明修栈道、暗度陈仓"，就灭了统治三秦大地的章邯等人，仅用了数月，就把整个关中地区收入了刘邦的口袋，速度快得让刘邦以为自己在做梦。

《史记·高祖本纪》："八月，汉王用韩信之计，从故道还，袭雍王章邯。邯迎击汉陈仓，雍兵败，还走；止战好畤（zhì），又复败，走废丘。汉王遂定雍地。"

项羽听说刘邦灭了章邯，气得又要召集群臣开会。刘邦却派使者跟项羽说："你后边那些诸侯王才危险呢，你就不担心他们在你背后搞小动作，坏了你的大事吗？"项羽竟然觉得刘邦的话很有道理，于是掉头先打齐、梁、赵、代等不安分的诸侯王，还叫人暗杀了义帝，渐渐失去了人心。

《史记·项羽本纪》："项羽乃疑范增与汉有私，稍夺之权。增大怒，曰：'天下事大定矣，君王自为之。愿赐骸骨归卒伍。'项王许之。行未至彭城，疽（jū）发背而死。"

刘邦又派陈平挑拨项羽与范增的关系，派人到处说项羽的第一谋士范增和自己交情匪浅、亲密无间！项羽竟然又信了，还把范增的权力给削了。范增一气之下请求退休回家，可惜回家的路上病死了。

没有了范增的帮助,项羽成了只会逞匹夫之勇的孤狼,老是吃败仗。

到了公元前202年,韩信用"十面埋伏"把项羽围在了垓下(今安徽省宿州市灵璧县),还在深夜唱响楚地民谣,楚士兵士气彻底崩溃。项羽实在受不了了,便带上八百子弟兵拼死冲出。韩信派灌婴追击,一直把项羽逼到乌江边。面对乌江亭长的接应船,项羽长叹"天之亡我",拒绝渡江,自刎而亡。

《史记·项羽本纪》:"於是项王乃欲东渡乌江,乌江亭长舣(yǐ)船待……项王笑曰:'天之亡我,我何渡为……纵江东父兄怜而王我,我何面目见之……'乃令骑皆下马步行,持短兵接战……乃自刎而死。"

06 刘邦称帝：看着挺风光，但是职业风险高

（公元前206年—公元前195年）

项羽一死，刘邦就登上了帝位，成了汉朝的第一位皇帝，称汉高祖。

他先建都洛阳，后又把秦都咸阳改名为长安，搬到长安去了。

做了皇帝，自然不能苦了那些跟自己出生入死的小弟。刘邦前前后后封了七个异姓王、一百四十五个列侯，其中最能打、功劳数一数二的韩信改封了楚王。不过刘邦也怕韩信反过来打自己，于是在封王的同时趁势夺了他的兵权。

《史记·高祖本纪》："皇帝曰义帝无后。齐王韩信习楚风俗，徙为楚王，都下邳（pī）。"

兵权交接仪式

这厮是怎么拿起这么重的东西的？太可怕了！

……

刘邦

韩信

皇帝这种职业虽然看着很风光，但其实是个高风险职业，说不定哪天就被掀翻在地了，所以刘邦对韩信这种很能打的人，总是特别关注。

有一天，有人告发韩信想谋反。这可把刘邦吓坏了，他赶紧找陈平商量，用陈平的计策抓住了韩信。韩信被抓时气愤地说："你这是兔死狗烹！过河拆桥！"

刘邦一听，觉得有点儿过意不去，于是赦免韩信死罪，改封他为淮阴侯。

《史记·淮阴侯列传》："上令武士缚信，载后车。信曰：……'狡兔死，良狗烹……我固当烹！'上曰：'人告公反。'遂械系信。至雒（luò）阳，赦信罪，以为淮阴侯。"

刘邦常常睡不着觉，总觉得手下的小弟们会来撬自己的龙椅。果然不出所料，一个叫陈豨（xī）的将军竟然自立为王！刘邦便派韩信和梁王彭越去收拾陈豨，顺便测试一下这两人的忠诚度。

《史记·淮阴侯列传》："相国绐（dài）信曰：'虽疾，强入贺。'信入，吕后使武士缚信，斩之长乐钟室。"

而此刻韩信对刘邦已有不满，暗中和陈豨联络，试图在陈豨起兵时做内应。就在这时候，韩信的计划被家臣告发，刘邦的小心脏彻底被震到，听了吕后和萧何的计策，把韩信捉住杀掉了。

杀了韩信，刘邦的小心脏刚刚安稳了些，彭越手下的人又跑来说彭越也想谋反！刘邦急忙把彭越绑回来一顿审讯，虽然觉得彭越好像没有谋反的心，但是为了能睡安稳点儿，还是流放他去四川做了平民。

彭越在去四川的路上碰见了刘邦的老婆吕雉，和吕雉哭诉自己无罪，吕雉叫彭越回洛阳，又跟刘邦说："你这是放虎归山！"刘邦觉得老婆说得在理，一咬牙，还是把彭越杀了，还灭了他三族。

淮南王英布听说韩信、彭越都被刘邦砍了，估摸着可能下一个会轮到自己，干脆起兵造反了。刘邦脱下龙袍换上战袍，带着人马去找英布干架。战场上，英布的弓箭手给了刘邦一箭，刘邦受了伤，只能派别的大将去追杀英布，最终把英布灭了。

虽然刘邦的身体素质好，没直接挂掉，但这一箭在不久之后还是要了他的命。公元前195年，刘邦去世。刘邦在位期间推行休养生息，以黄老之学治国，轻徭薄赋，为西汉的繁荣打下了基础。

07 周勃铲平吕氏：邦子的预言是真准

（公元前195年—公元前180年）

在刘邦去世前，吕后问他："如果萧何也追随你去了，谁能继承萧何的相位？"

《史记·高祖本纪》："已而吕后问：'陛下百岁后，萧相国即死，令谁代之？'上曰：'曹参可。'问其次，上曰：'……周勃重厚少文，然安刘氏者必勃也，可令为太尉。'"

刘邦说："曹参可以，曹参不在了就让王陵、陈平代替，周勃也是个极好的护家子。"

吕后一开始也算听刘邦的话，在萧何去世后，先让曹参当了丞相，曹参走后又安排王陵、陈平做了左、右丞相，还让周勃当了太尉。

不过吕后在干完这些后，内心的小算盘就开始打起来了，开始不按刘邦的规矩出牌了，咋回事呢？

刘邦曾经跟大臣们定过盟约：不是刘家的人不能封王，没有功劳的人不能封侯。但现在吕后想推翻这个盟约，她先问了丞相王陵的意见，王陵说："不行哦！"吕后就炒了王陵的鱿鱼。随后她又问陈平和周勃，他们俩吓得赶紧同意！于是吕后高高兴兴地封了自己的大哥为悼武王，封了自己的侄儿为吕王，连自己去世的老爹也被封了宣王。

《史记·吕太后本纪》："太后欲废王陵……乃追尊郦侯父为悼武王，欲以王诸吕为渐。"

皇帝年岁尚轻，大权都在吕后手里，她不嚣张都觉得对不起自己！

163

不过，嚣张总是要付出代价的！很快，吕后就走到了生命的尽头，生病去世了。在下去陪刘邦打麻将前，她让自己亲侄儿吕产和吕禄掌管了两支禁卫军，并告诉他们说："乖乖留在宫里，免得有人暗算！"

吕家兄弟守着空荡荡的皇宫越想越慌，就商量谋反。很快吕禄的女儿就知道了，赶紧告诉了自己老公刘章，刘章知道后大惊失色，急忙跑去告诉了自己的哥哥刘襄！

刘章、刘襄都是刘家的子孙，现在吕家人要夺刘家的天下，刘家人怎么肯答应呢？

于是齐王刘襄号召各路诸侯征讨吕家人。吕禄、吕产来不及想这谋反的消息是怎么泄露的，便急忙派大臣灌婴去对付刘襄。灌婴表面上答应，到了前线却直接和刘襄握起了和平的小爪爪。

在长安城内的周勃和陈平虽然曾经答应让吕后封吕家人做王，但是骨子里是刘家人的坚定追随者，因此他们威逼吕禄的好友去说服吕禄交出兵权。

周勃有了兵权后，彻底表现出了护家子的角色。他马上安排人守住宫殿，不让吕产进宫。此时吕产还不知道吕禄已经投降，骑着马大摇大摆地想要进宫去拿传国玉玺，可士兵们根本不让他进去。接着刘章就带着一队人马冲了进来，一番短兵相接后将其斩杀。

接下来的事情比较顺利，在周勃和陈平的主持下，刘家人顺势铲除了吕家的所有势力，并拥立刘邦的第四子刘恒做了新皇帝，至此，刘家的天下才算真正地安定下来。

《史记·绛侯周勃世家》："勃为太尉，不得入军门。陈平为丞相，不得任事。于是勃与平谋，卒诛诸吕而立孝文皇帝。"

08 平七国之乱：晁错被杀，周亚夫三月定乾坤

（公元前179年—公元前154年）

吕氏被铲除了，代王刘恒也被周勃请去当了汉文帝，后来怎样了呢？刘恒登上皇位后一门心思为老百姓谋福祉，百姓们一个劲儿地为他点赞。

刘恒在去世前对太子刘启说："将来国家要是发生变乱，就让周亚夫（周勃的儿子）掌管兵权，保管没事！"后来刘启登基成了汉景帝，时刻谨记老爹的话，先升周亚夫做了车骑将军，接着发现内史晁（cháo）错挺有两把刷子，就把他提拔成御史大夫，成了自己的得力干将。

《史记·绛侯周勃世家》："孝文且崩时，诫太子曰：'即有缓急，周亚夫真可任将兵。'文帝崩，拜亚夫为车骑将军。"

你们都有两把刷子，赶快来教朕练练"刷子功"！

刘启　周亚夫　晁错

晁错升官后，并不想发财，而是想干一件大事：削藩！

那些诸侯王一个个势力越来越大，看起来都跟个小皇帝似的，压根不把中央放在眼里，万一国家被他们折腾完蛋了咋整？

《史记·袁盎晁错列传》："迁为御史大夫，请诸侯之罪过，削其地……。"

刘启怕削藩会导致诸侯们造反，有点儿犹豫，晁错就安慰他说："不削藩，他们早晚会造反，到时候麻烦更大！"刘启见晁错这么坚定，便决定削藩。

刘启先拿楚王、赵王、胶西王开刀，过程都比较顺利。但是削吴王刘濞（bì）时有点儿削不动。

为啥呢？一是这刘濞是刘邦的侄子，是刘启的长辈；二是他和刘启有仇。

话说当年刘启还是太子的时候，刘濞的儿子刘贤来跟他下棋，一着不合两人就争了起来。刘贤对太子十分不恭敬，刘启一怒之下就抓起棋盘打他，没想到刘贤不经打，居然被打死了。因为这件事，刘濞恨刘启恨得牙痒痒，加上他整天想着做皇帝，所以刘启要削他的藩的时候，削得动才怪。

《史记·吴王濞列传》："孝文时，吴太子入见，得侍皇太子饮博……不恭，皇太子引博局提吴太子，杀之……吴王由此稍失藩臣之礼，称病不朝。"

不久后，刘濞决定造反，竖起"惩办奸臣晁错，救护刘氏天下"的大旗，然后拉着吴、楚、赵、胶西、胶东、淄川、济南七个诸侯国，一起找刘启干架，史称"七国之乱"。

刘启吓得整夜睡不着，这时候大将军窦婴向刘启引见担任过吴国丞相的袁盎。袁盎进宫后劝说刘启杀掉晁错，以平息七国之乱。刘启估计是被吓怕了，脑子有点儿不好使，为了保住皇位，竟然真的杀掉了忠心耿耿的晁错。晁错真是哭都没地儿哭去。

《史记·袁盎晁错列传》："晁错在前，及盎请辟人赐间，错去，固恨甚。袁盎具言吴所以反状，以错故，独急斩错以谢吴，吴兵乃可罢。"

皇上别杀我！我们还一起合唱过那首《不再犹豫》呢！

嗯……我应该不再犹豫砍了你！

晁错

刘启

可是晁错死后，七国之乱并没有平息，领头的吴王刘濞反而越打越起劲。刘启这时才后悔错杀了晁错，猛然间他想起自己老爹汉文帝说过，发生变乱的时候就让周亚夫掌兵权这事，于是急忙把所有兵权交给周亚夫。

《史记·绛侯周勃世家》："凡相攻守三月，而吴楚破平。于是诸将乃以太尉计谋为是。"

周亚夫果然不负众望，只用了三个月的时间，就搞定了七国之乱，把刘濞砍了。刘启这才舒了口气，急忙趁势把各诸侯的权力收归中央，只留给他们征收租税的权力。从此大汉王朝再没有诸侯割据的问题了。

09 马邑伏击战：虽然没干成，但咱表明了态度

（公元前141年—公元前133年）

汉景帝刘启在位期间，工作勤勤恳恳，与父亲汉文帝共同开创了历史上有名的"文景之治"，为大汉王朝积累了大量的财富。接替刘启的是儿子刘彻，也就是名头最响的汉武帝。但是，汉武帝可不是个财神爷，而是个散财童子。

怎么说呢？因为他要打仗，打仗可真烧钱啊！所以叫他一声"散财童子"没错。话说回来，刘彻要打谁呢？他爹刘启平定了七国之乱，国内是没仗可打了，现在要打的只有北边的匈奴！

《史记·孝武本纪》："孝景十六年崩，太子即位，为孝武皇帝。"

匈奴是一个盘踞在华夏北边的游牧民族，他们不种地不产粮，饿了就去抢粮又抢人，重点是他们战斗力还挺强。在汉文帝时期，匈奴侵犯大汉王朝的上郡和云中地区，劫掠人畜数以万计。

一直以来大汉王朝都拿匈奴没办法，只能忍受屈辱，采取和亲的政策，把公主嫁给他们。现在刘彻当了皇帝，他不想再屈辱下去，他两眼往北边一瞪，只撂下一个字：打！

《史记·匈奴列传》："匈奴日以骄，岁入边，杀略人民畜产甚多，云中、辽东最甚，至代郡万余人。汉患之，乃使使遗匈奴书，单于亦使当户报谢，复言和亲事。"

刘彻要打匈奴，有个叫王恢的将军出主意说："我们来个关门打狗！方法就是派一个卧底去接近匈奴单于，说服单于先来打大汉。等他们进入埋伏，大汉军就冲过去把他们砍了。"

很多大臣特别反对。他们说："当初我们的老祖宗刘邦也打过匈奴，但是被匈奴围困了七天七夜，差点儿客死他乡，这是个很危险的事。"

但是刘彻却说："就这么办，关门打狗！"

《汉书·窦田灌韩传》："匈奴初和亲，亲信边，可诱以利致之，伏兵袭击，必破之道也。"

刘彻先派出了三十万精兵对付匈奴，把伏击的地点选在了马邑（今山西省朔州市）。然后又派出了金牌卧底聂壹。聂壹带上大批货物跑到匈奴那里假装投降。

匈奴首领军臣单于说："你把马邑县令的人头砍了挂在城楼上当投名状吧！"聂壹说："好啊！"就跑回马邑，砍了个死囚的脑袋挂在城门上。军臣单于以为聂壹真的砍了县令的头，大喜过望，立马带领十万主力部队，浩浩荡荡地去攻打马邑，准备一次抢个够。

《汉书·韩安国传》："阴使聂壹为间，亡入匈奴……单于爱信，以为然而许之。聂壹乃诈斩死罪囚，悬其头马邑城下，视单于使者为信……于是单于穿塞，将十万骑入武州塞。"

就在军臣单于距离马邑一百多里的时候，只见漫山遍野尽是牛马，却不见放马的人，就起了疑心，派人去打探，抓了个雁门尉史。这尉史贪生怕死，把王恢的计划给说了出来。

军臣单于一听这还得了，急忙带着人马跑了。王恢的"关门打狗"计划就这么泡汤了。

虽然计划失败了，但这却展现出汉武帝对匈奴不再忍让、坚决打击的态度，自那以后，他开始大把地烧钱，不断出兵攻打匈奴，不把他们打趴誓不罢休，既彰显了大汉威严，也让后世记住了他的雄才大略。

《史记·韩长孺列传》："未至马邑百余里，行掠卤，徒见畜牧于野，不见一人。单于怪之，攻烽燧，得武州尉史。欲刺问尉史。尉史曰：'汉兵数十万伏马邑下。'单于顾谓左右曰：'几为汉所卖！'乃引兵还。"

失败了没关系！反正我爹留下的银子多，咱慢慢烧！

这可是万两银票啊！怎么说烧就烧？！

真豪！

刘彻　王恢　聂壹

10 霍去病封狼居胥：年纪轻轻走上人生巅峰
（公元前133年—公元前119年）

匈奴被大汉朝的金牌卧底忽悠了一次，铁定不会再上当了。但这难不倒我们智勇双全的汉武帝刘彻，他的策略是：先守株待兔，守不到就打出去！

所谓"守株待兔"就是等匈奴来侵犯的时候把

《汉书·李广苏建传》："广在郡，匈奴号曰'汉飞将军'，避之，数岁不入界。"

他们打出去，但绝不轻易越过匈奴的地界。这是汉文帝和汉景帝时期的规定。此时能对抗匈奴的大将就是李广，他是出了名的能打，让匈奴人闻风丧胆，匈奴人只要听说李广在边境，不管真假先溜了再说。李广因此威风了好多年。

而打出去，就是打到匈奴人的老巢去。

在汉武帝时期，出了两个能打的，其中一个是卫青。公元前130年，汉武帝任命卫青为车骑将军，让他去打匈奴。虽然这是卫青第一次出征，但他却一直打到了匈奴的祭天圣地龙城（蒙古国中部地区），并在"龙城之战"中抓了700多人回来。汉武帝直接封卫青为关内侯，这可是凭真本事升官发财，而不是靠皇后姐姐卫子夫的关系！

《资治通鉴·汉纪十》："卫青至龙城，得胡首虏七百人；公孙贺无所得；公孙敖为胡所败，亡七千骑；李广亦为胡所败。"

另一个很能打的是霍去病，是卫青的亲外甥。

公元前123年，年仅十七岁的霍去病就第一次带兵出征了。他带着一个八百人的小队，直接冲进了匈奴人的老巢，先是砍了一个匈奴老大，又趁势抓了两个匈奴俘虏回来。这两个俘虏可不简单，他们一个是匈奴单于的叔叔，一个是单于的丞相！汉武帝高兴极了，直接封霍去病为冠军侯。

《汉书·卫青霍去病传》："票姚校尉去病斩首捕虏二千二十八级，得相国、当户，斩单于大父行藉若侯产，捕季父罗姑比，再冠军，以二千五百户封去病为冠军侯。"

做了冠军侯的霍去病就此打开了传奇剧本。两年后他率领骑兵进军河西走廊地区，但是兄弟队伍没有按时抵达。他就当起了孤胆英雄，带着部队冲进匈奴人的老巢，一次歼敌三万余人，同时俘虏了匈奴五王、五王母、单于阏氏（王后）、王子五十九人，相国、将军、当户、都尉六十三人。这一年秋天，被打怕了的匈奴浑邪王不敢再战，直接率四万余人投降汉朝。霍去病这仗打得太优秀，连舅舅卫青都竖起大拇指点赞。

《汉书·卫青霍去病传》："去病……骠骑将军，将万骑出陇西……历五王国，转战六日，过焉支山千有余里……杀折兰王，斩卢侯王……执浑邪王子及相国、都尉，捷首虏八千九百六十级，收休屠祭天金人……益封去病二千二百户。"

公元前119年春，霍去病迎来了人生的巅峰时刻。这一次他和舅舅卫青分别带兵深入，专找匈奴主力。霍去病率军北进两千多里，与匈奴左贤王的军队大干了一场，歼敌七万多人，俘虏匈奴屯头王、韩王及将军、相国、当户、都尉等八十三人。乘胜追杀至狼居胥山（今蒙古国境内）后，举行了一场祭天封礼，意思就是这里以后是大汉朝的地盘了。经此一战，匈奴人被彻底打垮，逃到了更远的漠北。

《汉书·卫青霍去病传》："去病骑兵车重与大将军军等……出代、右北平二千余里，直左方兵……获屯头王、韩王等三人，将军、相国、当户、都尉八十三人，封狼居胥山，禅于姑衍，登临翰海，执讯获丑七万有四百四十三级。"

11 张骞出使西域：没点儿胆色怎么搞一手资料

（公元前138年—公元前126年）

在"打出去方针"实施之前，大汉朝就先开始了"走出去方针"，目的也是对付匈奴。

那时候刘彻刚做皇帝，正发愁怎么干掉匈奴，刚好有投降的匈奴人说在西域有个大月氏想找匈奴报仇。刘彻就到处张贴招聘信息，想招人去大月氏商量一起打匈奴。这一招就招到了张骞。张骞以郎官的身份应募，勇敢地承担起出使大月氏的重任。他向刘彻承诺，一定说服大月氏与汉朝联合抗击匈奴。

可这去西域的路没人走过，张骞又不是七十二变的孙悟空，能行吗？

《汉书·张骞李广利传》："时匈奴降者言匈奴破月氏王，以其头为饮器，月氏遁而怨匈奴，无与共击之。汉方欲事灭胡……乃募能使者。骞以郎应募，使月氏，与堂邑氏奴甘父俱出陇西。"

你好，我来应聘。

终于有人来应聘了！什么都别说，非你莫属了！

张骞

刘彻

《西域冒险王》真人秀招聘现场

世上的路都是走出来的，张骞靠着一个叫堂邑父的匈奴人做向导，带着一百多个猛士，从陇西（今甘肃省临洮县）出发，出了陇西就是匈奴的地盘了。一百多人慢悠悠地走着，塞外风光还没看够，就被匈奴的骑兵抓了个正着。他们内心无比忐忑：难道要出师未捷身先死？这也太死不瞑目啦！好在匈奴人没有杀他们，估计是看他们身子骨结实，想抓走当奴隶。

《汉书·张骞李广利传》："径匈奴，匈奴得之，传诣单于。"

张骞等人被押到了匈奴王庭（今内蒙古自治区呼和浩特市附近），见到了匈奴的首领军臣单于。

军臣单于听说张骞想去拉拢月氏国，就对他们说："想从我这通过是不可能的！"然后把张骞软禁起来，隔三岔五对他进行各种俗套的威逼利诱。还给他娶了妻，生了孩子，但张骞始终没忘记自己的使命。每天就琢磨着怎么越狱。这次越狱可不像电影里的那么简单，张骞的越狱计划从设计到实施，用了十余年，才成功逃出匈奴人的魔掌。

《汉书·张骞李广利传》："单于曰：'月氏在吾北，汉何以得往使？吾欲使越，汉肯听我乎？'留骞十余岁，予妻，有子，然骞持汉节不失。"

张骞等人逃到了一个叫大宛的国家，大宛王一直想和汉朝交好，就派人把他们送到了大月氏。可是这时候的大月氏西迁到了大夏，建立了新的国家，日子过得美滋滋，已经不想报仇了。

张骞在大月氏住了一年多，始终没有说动月氏王，只能回国。可这一回国，他们在半路又被匈奴骑兵抓了个正着。好在这一次他们碰上了匈奴内乱，只被关了一年多，然后趁机逃回到了大汉。

老张再次越狱成功！这是个被神眷顾的男人！下面是广告时间！

张骞

堂邑父

记者

张骞回来后，把自己西行的所见所闻都告诉了汉武帝，并对葱岭东西、中亚、西亚，以至安息诸国的位置、特产、人口、城市、兵力等，都作了详细报告，还画出了西域一带的地图，这为汉朝加强与西域诸国的联系奠定了基础，也为对付匈奴提供了一手情报。

汉武帝很满意，于是封张骞为太中大夫，封堂邑父为奉使君，后来又让他们第二次出使西域。张骞西行扩大了西汉王朝的政治影响，增强了西域和汉朝间的了解和经济文化往来。

12 苏武牧羊：带着气节和匈奴人硬杠到底

（公元前100年—公元前81年）

匈奴被打到漠北后消停了好些年，表面上假装和汉朝称兄道弟，为了装得像一点儿，他们把扣押的汉朝使者放了回来，汉武帝看他们还算乖，就派中郎将苏武把扣押的匈奴使者也送回去，还送了一堆见面礼。

可是苏武到了匈奴王庭后，匈奴单于看见汉武帝送给他那么多贵重的礼物，又激动又觉得汉朝怕他，就对苏武不太礼貌，爱理不理的。

《史记·匈奴列传》："汉遣中郎将苏武厚币赂遗单于。单于益骄，礼甚倨，非汉所望也。"

179

苏武也不跟匈奴单于计较，打算动身回国复命。可偏偏这时候出问题了！有个叫卫律的汉朝使者投降了匈奴，他手下一个叫虞常的人一心想杀了他这个叛徒。虞常来找苏武的副手张胜帮忙杀卫律，张胜脑子一热同意了。

于是虞常暗中组织了七十多个人，准备在匈奴单于打猎的时候对他家里人搞偷袭，顺便杀了卫律。可偏偏有个临阵吓哭的，跑去匈奴那里告密，害得众多爱国青年战死，虞常也被活捉了。

《汉书·李广苏建传》："单于出猎，独阏氏（yān zhī）子弟在。虞常等七十余人欲发，其一人夜亡，告之。单于子弟发兵与战。缑（gōu）王等皆死，虞常生得。"

而此时单于知道这件事后很生气，派卫律来让苏武投降。苏武说："我要是投降了，还有脸回汉朝吗？还不如死了算了！"干脆拔出刀想抹了自己脖子，还好旁边的张胜和常惠手快拦住了他。苏武知道自己肯定逃不掉了，但他还是坚持自己的气节，不肯投降。单于看苏武这么有骨气，反而更佩服他了，就想招他做小弟，可苏武软硬不吃，单于就把他扔到地窖里，不给他吃喝，想让他屈服。

《汉书·李广苏建传》："律知武终不可胁，白单于。单于愈益欲降之。乃幽武置大窖中，绝不饮食。"

苏武在地窖里靠吃毡毛和雪活了下来。匈奴人觉得苏武是个奇人，便把他发配到了北海（今俄罗斯贝加尔湖）放羊。

苏武在北海放羊，匈奴人也不给他吃的，他就自己进行荒野生存实践，反正只要不死，他就坚守汉朝的使节（汉朝的一种身份凭证），连睡觉都抱着使节睡。后来单于的弟弟于靬（jiān）王到北海打猎，看见苏武荒野生存的能力强大得耀眼，就成了苏武的头号铁粉，还给了他很多衣服、食物和马匹。

《汉书·李广苏建传》："武既至海上，廪食不至，掘野鼠去草实而食之。杖汉节牧羊，卧起操持，节旄（máo）尽落。"

《汉书·李广苏建传》："昭帝即位，数年，匈奴与汉和亲。汉求武等，匈奴诡言武死。后汉使复至匈奴，常惠请其守者与俱，得夜见汉使，具自陈道。"

公元前87年，汉武帝驾崩。又过了几年，匈奴与汉朝握手言和。汉昭帝赶紧派人接苏武等人回来。可是匈奴单于装傻充愣，说苏武死了。

好在苏武的副手常惠想办法见到了汉朝使者，戳破了单于的谎言。单于只好把苏武放了。此时距离苏武出使匈奴已经十九年！苏武的须发都白了，汉朝朝廷对他忠于国家的精神大加赞赏，封他做了典属国（古代官职名，掌管与少数民族交往的事务），荣耀余生。

13 司马迁著《史记》：新励志鸡汤熬成记
（公元前99年—公元前91年）

苏武等人被匈奴扣押的时候，汉武帝刘彻被气得不行，所以也没闲着。他派大将李广利带兵攻打匈奴人，后来又派苏武的同事李陵出战。

李陵是飞将军李广的孙子，战斗力强大到爆表，他用五千步兵对抗匈奴七八万骑兵，把匈奴人打得鬼哭狼嚎。可惜李陵运气不好，他手下居然出了个奸细，这奸细告诉了匈奴人李陵的弱点，李陵力战后最终兵败投降。

《汉书·李广苏建传》："虏不利，欲去，会陵军候管敢为校尉所辱，亡降匈奴，具言'陵军无后救，射矢且尽，独将军麾下及成安侯校各八百人为前行，以黄与白为帜，当使精骑射之即破矣'。"

好痛！看来不是做梦，真的抓到李陵了！

匈奴

李陵

李陵兵败的消息传回国内，刘彻认为李陵做了叛徒，就召集大臣们开会。大家察言观色，知道刘彻想治罪李陵，都说李陵贪生怕死、叛国投敌，应该钉在历史的耻辱柱上！

《资治通鉴·汉纪十三》："上以迁为诬罔，欲沮贰师，为陵游说，下迁腐刑。"

这时，唯有太史令司马迁说李陵同志是个爱国好青年，他现在苟且偷生，一定是想找机会活着回来报效朝廷。正在气头上的刘彻，认为司马迁这么说简直是啪啪打他的脸，就把司马迁关进了小黑屋，一开始给判了死刑，后来司马迁选择接受宫刑，赎免了死刑。

哼，这就是啪啪打俺脸的下场！

汉武帝

李陵无罪！

宫刑

司马迁

司马迁有个很厉害的爹，叫司马谈。司马谈很喜欢历史，他收集了很多历史资料，想写一本史学大作。可是司马谈身体不太好，他知道自己可能活不久了，这个梦想可能完不成了。于是，他把希望寄托在司马迁身上。

司马迁也是个有志气的孩子，他喜欢四处游历，看看不同的地方，写写游记，记录下他看到听到的历史故事。所以，当司马谈把写书这个任务交给他的时候，他毫不犹豫地就答应了。可是现在他被刘彻判了刑，肉体和精神都受到重创，心如死灰，还怎么写？

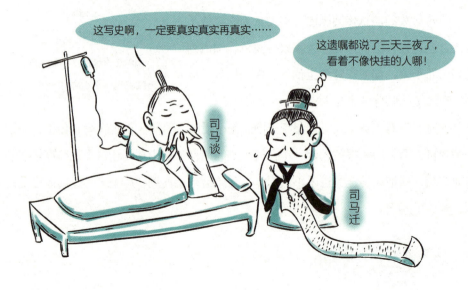

这时候，历史上那些励志人物突然闯进了司马迁的脑海里：周文王被纣王关在小黑屋里，忍着被纣王杀掉儿子的痛苦写下了《周易》；孔子一生不得志，却修订了《春秋》；孙膑被割去膝盖骨成了残废却写下了《孙膑兵法》……

司马迁那如死灰般的心瞬间复活，拼了命地写史书！

后来到了太始元年（公元前96年），汉武帝刘彻大赦天下，司马迁才终于从监狱里出来。汉武帝出于对其才学的认可，让司马迁做了中书令。因为他受过宫刑，所以即便做了中书令，也经常被大家嘲笑。不过司马迁的内心无比强大，坚持写完了《太史公记》，也就是《史记》，而他的这段经历也成了别人眼中的励志故事。

这部书一开始并没有公开发表，直到汉宣帝时期，这部巨作才得以流传天下以至万世。

《汉书·公孙刘田王杨蔡陈郑传》："恽母，司马迁女也。恽始读外祖《太史公记》，颇为《春秋》。"

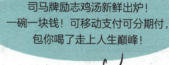

14 霍光辅政：武帝托孤，功勋卓著

（公元前87年—公元前73年）

汉武帝死后，即位的是年仅八岁的汉昭帝。

汉武帝留下了霍光、金日（mì）磾（dī）、桑弘羊、上官桀四个很厉害的老臣辅佐汉昭帝。霍光是霍去病的弟弟，他能力出众，是四人中的佼佼者，汉昭帝在他的帮助下，体恤老百姓、减轻赋税，还借种子给穷苦的老百姓种地，让他们有饭吃，这样一来，大家就是想说他坏话都要先问问自己的良心痛不痛。

上官桀有个儿子叫上官安，是霍光的女婿。上官安小心思挺多，想把自己六岁的女儿嫁给汉昭帝，以便将来做皇后。其实上官安的女儿也是霍光的亲外孙女，外孙女做皇后的话，霍光也算有面子，可是霍光不同意。

上官安立马又去找盖长公主帮忙。盖长公主是汉昭帝的姐姐，没娘的汉昭帝从小把她当娘看，啥话都听她的。在上官安的忽悠下，盖长公主让上官安的女儿做了皇后。

上官安不满足只做国丈，私下和老爹上官桀商量干掉霍光，然后再废掉汉昭帝！为此，他们暗地里勾结汉昭帝的亲哥哥燕王刘旦，准备事成之后让刘旦做皇帝。

他们先派人向汉昭帝污蔑霍光谋反，还像煞有介事地拿出证据。可这帮人千算万算，愣是没想到汉昭帝虽然只有十四岁，但脑子非常灵光，轻轻一推敲就发现用来污蔑霍光有罪的证据漏洞百出！上官安第一次谋反失败。

上官安等人不甘心，在第一次谋反未遂后变本加厉，密谋升级政变。

他们一边让盖长公主摆出鸿门宴请霍光喝酒，一边叫人去请刘旦来京师当皇帝，准备一箭双雕。可偏偏这时候有个人跑去跟霍光告密，霍光又告诉了汉昭帝。结果是汉昭帝派霍光把上官桀一族全灭了，连盖长公主和燕王也畏罪自杀。

《汉书·昭帝纪》："九月，鄂邑长公主、燕王旦与左将军上官桀、桀子票骑将军安、御史大夫桑弘羊皆谋反，伏诛。"

霍光搞定了上官桀的谋反后，本以为等汉昭帝长大成人后，自己就可以过退休生活了，可是才过了七年，汉昭帝就英年早逝了，霍光只能又挑起重担，辅佐昌邑王刘贺当皇帝。

《汉书·霍光金日磾传》："光自后元秉持万机，及上即位，乃归政。上谦让不受，诸事皆先关白光，然后奏御天子。光每朝见，上虚己敛容，礼下之已甚。"

可刘贺这娃真是不让人省心，史书上说他刚做皇帝二十七天，就干了一千多件只有熊孩子才能干出来的荒唐事。霍光为此夜夜发愁，最后只能把刘贺废了。被废后，刘贺被贬为海昏侯，其墓葬就是我们所知的"海昏侯墓"。后来，霍光改立生长在民间的汉武帝的曾孙子刘询做皇帝。好在刘询这娃了解民间疾苦，一心为百姓做事，这才让霍光松了口气。

15 婴儿囚徒当皇帝：皆因血脉

（公元前91年—公元前48年）

为什么刘询一当上皇帝就体恤老百姓，积极做个好皇帝呢？这和他那有点传奇的身世经历有关。刘询原名刘病已，是汉武帝的曾孙，本来应该有个令人羡慕的幸福童年，可这娃出生的时候有点儿倒霉，刚好碰上"巫蛊之乱"，他爷爷太子刘据因为谋反的罪名被迫自杀，接着刘据的全家老小被杀，只有刘病已因为才刚出生一个多月，实在太小，才逃过了杀身之祸，被送到官狱里关了起来。

《汉书·外戚传》："武帝末，巫蛊事起，卫太子及良娣、史皇孙皆遭害。"

当时的刘询被关在临时设置的官狱里，官狱里的最高领导是一个叫邴吉的官员，专门负责处理刘据太子一案。邴吉断案无数，善于明察秋毫，因此他知道太子是被冤枉的。虽然他想救太子已经不可能，但是帮一帮眼前这个才一两个月大的刘询还是有可能的。

邴吉先弄出一间宽敞、干燥、温暖的牢房，然后让牢房中厚道谨慎的女囚胡组、赵征卿来轮番给刘询喂奶，想着先保住他的小命再说。

刘询四岁多的时候，汉武帝刘彻病重。有个善于观察气数的人跟刘彻说，监狱有天子之气。刘彻一听，以为有囚犯想越狱造反，赶紧叫人去把监狱里的犯人不论罪过轻重都杀掉。

当宫廷卫士要杀刘询的时候，邴吉就是不让他们进监狱。宫廷卫士无奈只能回去报告汉武帝，汉武帝听闻自己还有个曾孙活着，瞬间就醒悟了，认为这是天意，于是大赦天下，不但放过了刘询，还放过了监狱里的其他人。

刘询被赦免后，先是被送到了祖母家抚养，后又被送到宫里的掖庭（宫女们居住的地方）抚养。

少年时的刘询很聪明，不但喜欢读书，还喜欢溜出宫外四处游荡，结交英雄豪杰。他在各地游历时，深入了解了百姓的生活，对他们的艰辛苦楚都有了很深刻的体会，同时也学会了分辨各地官吏的好坏。他这种市井生活的经历，和他老祖宗刘邦有一拼。

《汉书·宣帝纪》："受《诗》于东海澓（fú）中翁，高材好学，然亦喜游侠，斗鸡走马，具知间（jiàn）里奸邪，吏治得失。"

后来霍光废掉刘贺，把刘询推上龙椅。刘询是如何证明自己是个好皇帝的呢？

首先，刘询努力发展经济，使国家的经济实力上涨，老百姓吃得饱喝得足；其次，大力整顿官场，政治清明，各路忠臣良将纷纷冒头为百姓服务；接着，联合乌孙国大破匈奴，逼得众多匈奴单于率众来汉朝当小弟；之后平定西羌，设立西域都护府监护西域各国，正式将西域纳入大汉版图等等。

后来，刘询成了与汉高帝、汉文帝、汉武帝一样拥有庙号的四位西汉皇帝之一。

16 昭君出塞：应该拿个和平奖

（公元前54年—公元前33年）

汉宣帝刘询在位期间，对内对外都取得了巨大成就，尤其是征服了匈奴，令他们的单于多次亲自来长安拜见。其中比较有名的是呼韩邪（yé）单于，而他之所以来汉朝觐见，是因为他实在是走投无路了，急需汉朝做后台，这是为啥呢？

原因就在于他和他老哥郅支单于为了争江湖大佬的位置，居然打起来了。最终做弟弟的打不过做哥哥的，只能跑路，跑着跑着就跑到长安来了。

汉宣帝看匈奴大佬亲自拜会，很高兴，就好酒好肉招待他。呼韩邪单于和他的大臣们在长安住了一段时间，但是这么一直住下去不太像话，回去又怕被自己老哥郅支单于按在地上摩擦，咋办呢？汉宣帝便派了一万六千名骑兵护送呼韩邪单于到了漠南。

《汉书·傅常郑甘陈段传》："郅支由是遂西破呼偈、坚昆、丁令……怨汉拥护呼韩邪而不助己，因辱汉使者江乃始等。初元四年，遣使奉献，因求侍子，愿为内附。"

郅支单于听说呼韩邪单于找了汉朝做靠山，害怕他联合汉朝一起来揍自己，于是也打发自己的儿子去汉朝"拜码头"，求个心安。

后来郅支单于死了，呼韩邪单于没有了对手，终于坐稳了匈奴王的宝座。他念及当初汉朝的恩情，于是再次来到长安，要求和汉朝结成亲家。

这时候的当家皇帝是刘询的儿子汉元帝，他觉得这是好事啊，就招宫女做公主去和呼韩邪单于成亲。可是宫女们都不愿意离开本国到遥远的匈奴去，只有一个叫王嫱的宫女愿意。这个叫王嫱的宫女就是王昭君，是中国四大美人之一。

到了结婚那天，呼韩邪单于看见新婚妻子王昭君无比年轻貌美，别提多高兴了。后来，他又看见汉朝为和亲准备的丰厚的嫁妆，心里更是一万只和平鸽飞过，铁了心要和汉朝做兄弟，承诺再也不打仗了。汉元帝也心满意足地送他们回匈奴去了。

王昭君嫁给呼韩邪单于后，时刻谨记自己的和亲使命，即便塞外的生活异常艰苦，也一直努力为汉朝和匈奴之间的和平做着贡献。匈奴的百姓也都喜欢她、尊敬她。自此以后，汉朝和匈奴之间和睦相处，六十多年没有打过仗。

《后汉书·南匈奴列传》："昭君丰容靓饰，光明汉宫，顾景裴回，竦动左右。"

17 王莽篡汉：论打造品牌的重要性
（公元1年—公元9年）

王昭君出塞去匈奴和亲后不久，汉元帝就驾崩了，之后是汉成帝即位，汉成帝之后是汉哀帝，汉哀帝之后是汉平帝。汉平帝即位时只有九岁。当年八岁的汉昭帝有霍光等几位遗命大臣辅政，此时的汉平帝有谁辅政呢？

辅政汉平帝的人是大司马王莽，还有王莽的亲姑姑，即太皇太后王政君。朝廷的权力都掌控在这些外戚的手上，但是王莽跟天下人说："我们只是代理而已，代理懂不？"

《汉书·王莽传》："王莽字巨君，孝元皇后之弟子也。元后父及兄弟皆以元、成世封侯，居位辅政，家凡九侯、五大司马。"

听说你们王家把持朝政，窃取皇权……

别乱说话！记者就了不起啊？小心我告你诽谤哦！

记者

王莽

王莽代理小皇帝行使职权后，为了夺取更多权力，竟学会了搞营销，开始努力打造属于自己的"王氏品牌"！他手下的小弟们奏请太皇太后封他为安汉公，他假装推辞，表示功名利禄都是浮云。后来中原发生旱灾和蝗灾，王莽就天天吃素，还拿出钱财和土地分给灾民，同时硬拉着王公贵族们一起这么干。老百姓觉得王莽就是救世主啊，都争着做王莽的粉丝，王莽的名气也就越来越大，"王氏品牌"就这样打造出来了。

《汉书·王莽传》："于是群臣乃盛陈……周公及身在而托号于周……宜赐号曰安汉公，益户，畴（chóu）爵邑。"

没过多久，王莽把自己的女儿嫁给了汉平帝做皇后。女儿做了皇后，王莽就是国丈，太皇太后要把两万多顷土地封给他。王莽一面假装推迟，一面派八个心腹小弟到处宣扬自己不肯接受两万多顷土地这件事，又让小弟们写了各种歌功颂德的软文歌颂自己。于是王莽的好名声在街头巷尾长期占领老百姓的聊天主题。老百姓们直呼王莽真是高尚啊，于是更加拥戴他。至此"王氏品牌"成了朝野公认的"道德标杆"。

《汉书·王莽传》："莽因上书，愿出钱百万，献田三十顷，付大司农助给贫民。于是公卿皆慕效焉。"

自从王莽代理汉平帝行使职权以来，汉平帝一直愤愤不平，终于有一天实在忍不住就抱怨了几句。没想到这些话让王莽听见了，就给汉平帝安排了慢性毒酒，让汉平帝提前"下班"了。

这时候王莽就应该找个人来做新皇帝，可他偏偏不找"四有"好青年，反倒找了个只有两岁的刘婴做皇帝，这不是糊弄人吗？但是糊弄又咋样？实权在人家手上啊！至此，王莽彻底大权在握，自称"摄皇帝"。

《汉书·元后传》："平帝崩，无子，莽征宣帝玄孙选最少者广戚侯子刘婴，年二岁，托以卜相为最吉……于是莽遂为摄皇帝，改元称制焉。"

以后你就是新时代"新四有"好少年！

刘婴

有代理、有平庸、有服从、有风险

王莽

王莽虽然忽悠了很多百姓，但还是有一大批清醒的人没有被他忽悠，这些人就起义反抗王莽，先是安众侯刘崇起义，接着是东郡太守翟义起义，各路人马纷纷响应。

王莽一看做个假皇帝管不住天下，那干脆做个真皇帝吧！他很快派大军平息了叛乱，然后于公元9年登基称帝，建立了新王朝。

《汉书·王莽传》："赤帝汉氏高皇帝之灵，承天命，传国金策之书，予甚祗畏，敢不钦受！以戊辰直定，御王冠，即真天子位，定有天下之号曰'新'。"

18 刘秀：骑着牛打天下的拉风霸主

（公元9年—25年）

　　王莽从"假皇帝"变成了真皇帝，但是依旧管不住天下。王莽称帝后一心要恢复古代的制度，先是把天下的田地改为王田，规定不得买卖，这非常不符合当时的生产力发展状况，导致农业生产大不如前，还触犯了贵族集团的利益。王莽看情况不妙，又急忙说王田可以买卖了哦，自己打了自己一个大嘴巴。其他地方的改革也大多如此，都很不切实际，最后搞得贵族、平民都没法活，对他由粉转黑，甚至有很多人要开始策划造反了！

《汉书·王莽传》："今更名天下田曰'王田'，奴婢曰'私属'，皆不得卖买。"

先是湖北和湖南一带闹饥荒，接着农民们起义抢官粮，组建了绿林军跟官府对抗；接着山东一带也出现了一批起义的赤眉军。王莽赶紧派兵镇压，可是官兵节节失利，起义军反而越来越壮大，全国各地冒出了几十路起义军。

这时，在河南南阳郡的皇族后裔刘縯（一作刘演）和刘秀两兄弟看天下乱成了一锅粥，也举起了起义的大旗。但是他们的装备差到了极点，刘秀连马都没有，只能骑着牛上阵杀敌。

装备差不要紧，可以先靠大佬。于是刘秀、刘縯带着人马加入了绿林军，打了几个大胜仗，缴获了很多装备，刘秀也骑上了战马。

后来，绿林军加上刘秀、刘縯的部队已经有十几万人，急需个带头大哥统一发号施令。大家经过商议，推举刘秀的族兄刘玄做皇帝，建年号为更始，刘玄称更始帝，接着刘玄封刘縯为大司徒，刘秀为太常偏将军，军队称为"汉军"。至此，这支起义军有名有号、有模有样，打起仗来更猛了。

王莽听说有人称帝，气得发出主力部队攻击，和汉军在昆阳（今河南省平顶山市叶县）大战，结果王莽几十万的主力部队被汉军打得溃不成军，被彻底消灭。

然而就在此时，汉军内部发生了内乱，刘縯被刘玄以"不听话"的名义杀了。智慧超常的刘秀咬碎牙往肚子里咽，跑去跟刘玄请罪，保住了自己的小命，并从此忍辱负重，努力壮大自己的力量。后来汉军攻入长安，杀了王莽，新朝覆灭。

《后汉书·光武帝纪》："光武自父城驰诣宛谢……又不敢为伯升服丧，饮食言笑如平常。更始以是惭，拜光武为破虏大将军，封武信侯。"

此时江湖上玩起了称帝的游戏，除了更始帝刘玄外，还有好几路人马称帝。公元25年，力量已经十分强大的刘秀，在河北鄗（hào）城（今河北省邢台市柏乡县固城店镇）登基，即汉光武帝。

当年我骑你创业，现在你想我封你个啥？

牛魔王！

光武帝刘秀

19 班超投笔从戎：打的就是匈奴人
（公元62年—公元94年）

刘秀统一天下，建立了东汉。后来赤眉军灭了绿林军，刘秀又灭了赤眉军，接着，刘秀把在四川称帝的公孙述和北边的隗嚣（wěi áo）政权也灭了。至此天下一统，刘秀定都洛阳，因为洛阳在西汉首都长安的东边，所以刘秀的江山也称东汉。

到了他儿子汉明帝时期，北匈奴得到了西域诸国的拥护，屡次找汉朝的麻烦。

这时候有个叫班超的书生，他老爹和老哥都是史学家，他自己也曾经在官府里抄抄文书、研究研究历史，后来丢掉笔杆子，拿起枪杆子去从军了。他这一去，将成为匈奴人的克星。

《后汉书·班梁列传》："久劳苦，（班超）尝辍业投笔叹曰：'大丈夫无它志略，犹当效傅介子、张骞立功异域，以取封侯，安能久事笔研间乎！'"

班超在军队里表现出了特别能打的潜质，很快被领导窦固盯上了。窦固本着"能力越大，责任越大"的原则，让班超去西域各国摸摸底细，好切断他们和匈奴的联系。

班超带着三十六个小弟先到了鄯善国（今新疆维吾尔自治区罗布泊），此时的鄯善国已经被匈奴欺负得抬不起头来。当鄯善国王看见班超时，先是恨不得称兄道弟，没过几天又突然对班超等人冷眼冷面了，搞得班超一脸茫然。

《后汉书·班梁列传》："超到鄯善，鄯善王广奉超礼敬甚备，后忽更疏懈。"

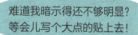

事出反常必有妖！班超料到肯定是北匈奴的使者也来到了鄯善国，于是想办法打听到了匈奴使者的驻地。然后召集手下小弟们喝酒，喝到一半，突然跟小弟们说："匈奴使者也来到了鄯善国，要是鄯善王把我们抓起来送给匈奴人就完了！不如兄弟们一起砍了匈奴人为国立功！"

此时大家都喝了酒，胆子特别大，就都跟着班超抄起家伙，趁着夜色冲到匈奴使者的驻地，一阵猛虎般的操作后，把匈奴使者全灭了。

《后汉书·班梁列传》："余人悉持兵弩夹门而伏。超乃顺风纵火，前后鼓噪。虏众惊乱，超手格杀三人，吏兵斩其使及从士三十余级，余众百许人悉烧死。"

第二天，鄯善王看到匈奴使者的首级，吓得差点儿晕倒，赶紧握起班超的手表示愿意当汉朝的小弟，为了表示诚意，还派了自己儿子去汉朝做人质。

《后汉书·班超传》："超于是召鄯善王广，以虏使首示之，一国震怖。超晓告抚慰，遂纳子为质。"

班超征服鄯善国后，又去了隔壁的于阗（tián）国。此时北匈奴已派使者驻扎于阗。面对两难抉择，于阗王求教于巫师。巫师声称若归顺汉朝，将触怒天神，要求拿班超的马来祭天。班超知道后，说让巫师亲自来取马。巫师便高高兴兴去了，不料班超却把他砍了。于阗王吓得赶紧把儿子送到汉朝为人质。龟兹（qiū cí）、疏勒等其他西域国家见状，也纷纷归附汉朝。后来班超要走，西域诸国纷纷挽留他，怕他一走，又要受匈奴的欺负。于是班超只能留下来，继续为西域和汉朝的和平事业添砖加瓦。

《后汉书·西域传》："三年，班超遂定西域，因以超为都护，居龟兹。复置戊己校尉……于是五十余国悉纳质内属。其条支、安息诸国至于海濒四万里外，皆重译贡献。"

205

20 梁冀：又一个外戚专权的典范

（公元144年—公元159年）

王莽篡汉导致天下大乱，那东汉有没有外戚专权呢？当然有了！而且这一现象在东汉中后期尤为严重，比如大将军梁冀。梁冀的妹妹是汉顺帝的皇后，他老爹还是大将军，所以梁冀不只是军二代，还是皇亲国戚。

公元144年，汉顺帝驾崩后，新立的小皇帝刘炳才一岁，梁冀便和他的皇太后妹妹真正掌控了朝政大权，属于梁冀专断朝政的时代开始了。

《后汉书·梁统列传》："及帝崩，冲帝始在襁褓，太后临朝，诏冀与太傅赵峻、太尉李固参录尚书事。冀虽辞不肯当，而侈暴滋甚。冲帝又崩，冀立质帝。"

下面有请梁氏兄妹二人组登场！

记者

掌声在哪里？摄影师在哪里？

老妹，你该减肥了……

梁冀妹妹

梁冀

《后汉书·梁统列传》："帝少而聪慧，知冀骄横，尝朝群臣，目冀曰：'此跋扈将军也。'冀闻，深恶之，遂令左右进鸩加煮饼，帝即日崩。"

小皇帝刘炳在三岁去世后，即位的是只有八岁的汉质帝刘缵（zuǎn）。刘缵虽然小，但是却聪明得很，看出了梁冀专横跋扈的做派，有一天在朝堂上当着文武百官的面说："大将军专横跋扈得很！"

大家一听吓坏了，梁冀也吓了一跳，但是他立马镇定下来，然后悄悄地在饼里下毒给刘缵吃，刘缵在位时间不到一年就被强制"下线"了。

刘缵被害死后，梁冀就要重新找个皇帝。太尉李固等人想立清河王刘蒜做皇帝。梁冀却想立十五岁的刘志做皇帝，就让他的皇太后妹妹免了李固的职，然后立了刘志做皇帝。半年后，他又把自己的另一个妹妹嫁给刘志做皇后。这时，梁冀的两个妹妹，一个是皇太后，一个是皇后，威风到了极致的梁冀就随便安了个罪名，把李固丢进了监狱，让李固死在了狱中。

《后汉书·梁统列传》："复立桓帝，而枉害李固及前太尉杜乔，海内嗟（jiē）惧。"

后来梁冀又杀了太尉杜乔、大清官朱穆，让他不高兴的人就干掉。可能是梁冀杀人杀顺手了，杀到了邓贵人母亲的头上。

邓贵人是谁？那可是汉桓帝刘志最喜欢的美人！之前梁冀让刘志登上帝位，刘志对梁冀很感激，一直以来不管他杀谁都不过问，可是现在他居然派人刺杀自己心爱美人的母亲，刘志不答应！刘志当即把心一横，也不管梁冀党羽满朝，铁了心要干掉这个跋扈将军。

《后汉书·梁统列传》："宣驰入以白帝，帝大怒，遂与中常侍单超、具瑗（yuàn）、唐衡、左悺（guàn）、徐璜等五人成谋诛冀。"

要怎么除掉梁冀呢？刘志发现身边可信任的人只有宦官，便派遣其中一个宦官具瑗和司隶校尉张彪带着一千多人包围了梁冀的房子。杀人无数的梁冀终于感觉到了被人屠宰的恐惧，最终和老婆一起自杀了。

《后汉书·孝桓帝纪》："大将军梁冀谋为乱。八月丁丑，帝御前殿，诏司隶校尉张彪将兵围冀第，收大将军印绶，冀与妻皆自杀。"

之后，刘志诛灭了梁冀全族，被牵连的人不计其数，有些被杀，有些被罢免，导致朝廷里都快没人了，而这一切都是拜梁冀专权所赐。

21 党锢之祸：宦官与党人的斗法大战

（公元166年—公元168年）

　　汉桓帝刘志在五个宦官的帮助下铲除了梁冀，宦官在东汉历史中的角色开始从龙套变成了主角。

　　在汉桓帝的时候出现了"党人"。所谓党人，其实是宦官们给那些在太学里读书的太学生取的外号，因为这些太学生办事比较喜欢勾肩搭背。

当时的太学生们喜欢议论朝政，经常说宦官们是"小人"。宦官们立即反击，把太学生们叫"党人"，因为孔子说过"君子群而不党"，既然孔子说君子不结党，那你们这帮"党人"自然就是小人喽！

于是太学生和宦官们就斗了起来。太学生们推举了李膺等比较正直勇敢的人进入朝廷做官。当了司隶校尉的李膺，一上台就把贪婪残暴的张朔给砍了。

张朔是宦官张让的弟弟，于是张让和李膺结下了梁子。

《后汉书·党锢列传》："时张让弟朔为野王令，贪残无道，至乃杀孕妇，闻膺厉威严，惧罪逃还京师，因匿兄让弟舍，藏于合柱中。膺知其状，率将吏辛破柱取朔，付洛阳狱。受辞毕，即杀之。"

跟你结个梁子，拿着！

李膺

可恶……

张让

《后汉书·党锢列传》："成以方伎交通宦官，帝亦颇谇（suì）其占。成弟子牢修因上书……于是天子震怒，班下郡国，逮捕党人，布告天下，使同忿疾……"

后来有个叫张成的神棍，和张让等宦官是铁哥们，听宦官们说皇上马上要大赦天下了，就跑去忽悠人，说我掐指一算，皇上马上要大赦天下了哦！为此还让自己的儿子去杀个人证明一下。过了几天，果然汉桓帝大赦天下，他的儿子无罪释放了。

可这事传到李膺的耳朵里，就把张成的儿子抓回来砍了！张成就去找张让给自己报仇，张让觉得机会难得，马上找汉桓帝告状，说李膺和太学生们结成一党，败坏朝纲。

汉桓帝天天跟宦官们混在一起，自然很听宦官们的话，把李膺和太学生们都给抓了。

不过李膺也不傻，他想了个办法，在招供的时候就说那些宦官的小弟们都是他的同党。宦官们瞬间慌了，怕自己也被牵连进去，就急忙跑去忽悠汉桓帝，让汉桓帝赦免大家的罪行。

汉桓帝实在是太听宦官们的话了，又立马放了被抓的所有人。

然而就在这年冬天，汉桓帝生了一场病，提前"下线"了！

《资治通鉴·汉纪四十八》："李膺等又多引宦官子弟，宦官惧，请帝以天时宜赦。六月，庚申，赦天下，改元；党人二百余人皆归田里……"

汉桓帝一死，他媳妇窦皇后就找父亲窦武帮忙，立了十二岁的汉灵帝即位，这又是个容易被宦官忽悠的小娃娃。不过窦武是个正直的将军，他又把李膺等人请回来做官，想除掉宦官们，免得他们继续作妖。可是窦武这帮人做事太不懂得保密，宦官们收到了风声，居然抢先下手，把窦武、李膺等人灭了，还把窦太后关进了小黑屋。

至此，宦官们掌控了朝廷大权，妖风席卷天下，东汉的江山在风雨中飘摇。

22 黄巾起义：这回大汉朝是真的乱了
（公元172年—公元184年）

党锢之祸后，朝廷里尽是攀附宦官的腐败官员，不止如此，宦官们还忽悠汉灵帝卖官捞钱。这买官的人能有几个好的？这回百姓们是真的没法活了，咋办呢？

百姓们的办法自古以来就一条：起义！第一个起义的是会稽人许生，他于公元172年带领老百姓在句章（今浙江省余姚市）起兵，后来自称越王，他儿子自称阳明皇帝，不过这支起义部队只坚持了两年就宣告失败。

公元184年，巨鹿郡（今河北省邢台市巨鹿县）的张家三兄弟也起义了。这三兄弟分别为张角、张宝、张梁，他们原本都是一等一的良民，而且还是治病救人的良医。尤其是大哥张角，不仅医术高明，给穷人治病还不要钱。百姓对他感激涕零，纷纷帮他宣传。这么一来，追随他的人越来越多。这些粉丝里除了普通老百姓，还有各地的豪强、官员，甚至还有宦官！张角一看粉丝这么多，就创立了"太平道"，把粉丝们都变成他的教徒。

《后汉书·皇甫嵩朱俊列传》："角因遣弟子八人使于四方，以善道教化天下，转相诳惑。十余年间，众徒数十万，连结郡国，自青、徐、幽、冀、荆、杨、兖、豫八州之人，莫不毕应。"

于是张角成了教主，瞬间主角光环加身，他动起了大心思，居然想趁着朝廷腐败造反创业，一统江湖。他还精心设计了起义暗号：苍天已死，黄天当立；岁在甲子，天下大吉。

起义的时间敲定了，张角就派手下一个叫马元义的到京城洛阳去联络皇宫里的宦官教徒，想要里应外合。但马元义的保密工作搞得十分不好，他手下一个叫唐周的小弟居然跑去跟朝廷告密了！

《后汉书·皇甫嵩朱俊列传》："讹言'苍天已死，黄天当立，岁在甲子，天下大吉'……中平元年，大方马元义等先收荆、杨数万人，期会发于邺。"

朝廷一听有人要造反，立马把马元义和相关人等一千多人抓起来砍了，然后发出江湖追杀令，追杀张角三兄弟。张角心想，不能坐以待毙，于是急忙带兵提前起义，并让大家都在头上裹上黄巾，统称黄巾军。教主张角一呼百应，各地的黄巾军如雨后春笋般冒出来，四处攻击官府，开仓放粮，吓得朝廷慌忙派兵镇压。这时候，有个骑都尉叫曹操，加入了镇压黄巾军的行列，他的战斗力十分生猛，把黄巾军打得节节败退。

《后汉书·皇甫嵩朱俊列传》："会帝遣骑都尉曹操将兵适至，嵩、操与朱俊合兵更战，大破之，斩首数万级。"

本来黄巾军还撑得住，可就在这时候教主张角病死了！没有了老大，黄巾军就像无头苍蝇到处乱窜，被官兵四处追杀。经过了九个月的混战，黄巾军最终被镇压了（余党藏匿各地）。

虽然黄巾军起义失败了，但是引燃了灭亡东汉的大火。在镇压黄巾军的过程中，各地的豪强们趁机扩大自己的地盘和军队，最终都成为割据一方的江湖大佬。

有江湖，必有纷争，一个烽烟四起的乱世即将拉开序幕。

《后汉书·皇甫嵩朱俊列传》："自黄巾贼后，复有黑山、黄龙、白波、左校、郭大贤、于氐（dī）根、青牛角、张白骑、刘石、左髭（zī）丈八、平汉……并起山谷间，不可胜数。"